Andlig stridsskola

Andra upplagan

av Olof Amkoff

Förlag: BoD – Books on Demand, Stockholm, Sverige
Tryck: BoD – Books on Demand, Norderstedt, Tyskland

ISBN: 978-91-8007-759-0

Kapitel 1

Den 20/9 2008 frågade jag i en dröm, (den för mig helt nya frågan): **"Hur ska jag få tag på de himmelska strategierna och taktikerna för att kunna nå hela svenska folket med evangelium?"** När jag direkt efteråt vaknade, förstod jag att denna dröm och fråga måste Gud ha inspirerat, så jag frågade samma fråga igen i vaket tillstånd i bön inför Guds ansikte. Han svarade direkt med att visa mig Winston Churchills böcker "Andra världskriget".

Efter att ha läst igenom dessa 6 "tegelstenar", på sammanlagt 2 miljoner ord (!), har jag i denna bok sammanställt alla de tankar som kom till mig då jag läste dessa Nobelprisbelönta böcker. Resultatet är med andra ord svaret på min fråga hur jag skulle få tag på de himmelska strategierna och taktikerna för att kunna nå hela svenska folket med evangelium! **Sammanfattningsvis kan man säga att de militära strategier och taktiker som visade sig framgångsrika under Andra världskriget, också är det i det andliga kriget!** "Krig som krig" skulle man kunna säga. Jag råder dig att läsa under bön vad jag har kommit fram till och be Guds Ande bekräfta, eller dementera, vad som gäller för dig i dessa avseenden.

<u>Som inledning vill jag säga:</u> världskrig har det rått i andevärlden ända sedan syndafallet! Vi ska inte tro att det råder fred eller vapenstillestånd i andevärlden. Ända sedan Lucifers fall har han bekrigat Guds skapelse. Därför läser vi redan i 1 Mos 3:15

> "Jag ska sätta fiendskap mellan dig och kvinnan och mellan din avkomma och hennes avkomma. Han ska krossa ditt huvud och du ska hugga honom i hälen"

I och med att djävulen existerar endast på nåder på grund av Guds eviga syften, och är endast <u>skapad</u>, <u>inte född</u>, så har han redan förlorat. Det är verkligen som Jesus säger:

"All makt i himmelen och på jorden har jag fått"
Matt 28:18
"Denna världens furste förmår ingenting mot mig"
Joh 14:30.

Jesu seger på Korset på Golgata är en evig seger! Den kan han inte förlora på något sätt. Fienden är avväpnad och avslöjad av Jesus på alla sätt, bland annat genom att avslöja Djävulens hela identitet! Alla namnen på Satan finns nedtecknade för oss i Bibeln. Känner du dig anklagad, usel och har dåligt samvete utan någon orsak därtill, då är det **Åklagaren** som anfäktar dig i dina tankar och känslor. Handlar det om att du blivit bestulen på något i ditt liv; materiellt, fysiskt, själsligt, andligt eller immateriellt, då vet du att det är **Tjuven** som har varit framme. När man har upptäckt att man blivit lurad till att tro på en lögn av något slag, då vet man att det var **Lögnens fader** som låg bakom det hela, osv. Här kommer din fiendes hela identitet: **Förtalare, Belackare, Åklagare, Drake, den gamle Ormen, Lögnens fader, Tjuven, Fienden, Motståndaren, denna världens furste, Fursten över luftens härsmakt, Ovännen, Mördare, Frestaren, Den starke, Motståndare, den Onde, Flugornas herre,** samt **ljusets** (falska) **ängel.** Som en följd av detta finns det i andevärlden, enligt Bibeln, både

"furstar, väldigheter och världshärskare i himlarymderna" Ef 6:12, och

"sjukdomsandar, onda andar och orena andar"
Luk 13:11, Matt 12:43

i en demonisk hierarki. Detta innebär inte att alla sjukdomar är orsakade av sjukdomsandar! Använd ditt förstånd och andliga urskiljningsförmåga! Därför har vi även fått nådegåvan att skilja mellan andar. Andra andemakter som måste nämnas är **Antikrists ande, laglöshetens ande, villfarelsens ande, Baals ande, Amaleks ande,** samt **Isebels ande.** Men här är inte rätta platsen att redogöra för dem.

"Det andliga är inte det första, utan det jordiska. Därefter kommer det andliga" 1 Kor 15:46.

Denna turordning är en av Guds skapelseordningar. För att rätt kunna förstå den andliga dimensionen, måste vi först ha tagit till oss den undervisning som finns i det naturliga. Paulus återkommer flera gånger till denna princip i sina brev. Till exempel säger han i 1 Kor 9:9-10

"Det står skrivet i Mose lag: "Du ska inte binda för munnen på oxen som tröskar." Är det oxarna Gud bekymrar sig om? Säger han det inte för vår skull? Jo, för vår skull blev det skrivet att den som plöjer och den som tröskar ska göra det i hopp om att få sin del."

En annan referens till det naturliga gör Paulus i 1 Kor 11:14

"Lär inte själva naturen er att...?"

Utifrån Israels barns fysiska, naturliga historia, lägger aposteln an ett profetiskt perspektiv, när han i 1 Kor 10:11 skriver:

"Det som hände dem tjänar som exempel och skrevs ner för att varna oss som har världens slut inpå oss."

samt i Romarbreet 15:4

"Allt som tidigare har skrivits är skrivet till vår undervisning, för att vi genom den uthållighet och tröst som Skrifterna ger ska bevara vårt hopp."

Kapitel 2

I och med att Gud är historiens Gud, (se t.ex. Daniel 2, Jesaja 37:16, 26 och Uppenbarelseboken!) finns det mängder av andlig visdom och Gudskunskap att inhämta från den vanliga, profana världshistorien. Därav mina studier av Andra världskriget. Men här kommer först ett bibliskt exempel:

> "Sedan kom Amalek och stred mot Israel i Refidim. Då sa Mose till Josua: "Välj ut manskap åt oss och dra ut i strid mot Amalek. I morgon ska jag ställa mig överst på höjden med Guds stav i handen." Josua gjorde som Mose hade sagt till honom och stred mot Amalek. Men Mose, Aron och Hur steg upp överst på höjden. Och så länge Mose höll upp sin hand hade Israel övertaget, men när han lät handen sjunka fick Amalek övertaget. När Moses händer blev tunga tog de därför en sten och la under honom, och han satte sig på den. Sedan stödde Aron och Hur hans händer, en på var sida. Så hölls hans händer stadiga till dess solen gick ner. Och Josua besegrade Amalek och hans folk med svärd. HERREN sa till Mose: "Skriv upp detta i boken, så att ni inte glömmer det, och inpränta det hos Josua, ty jag ska utplåna minnet av Amalek så grundligt att det inte finns mer under himlen." Mose byggde ett altare och gav det namnet HERREN mitt banér. Han sa: "En hand har lyfts mot HERRENS tron. HERREN ska strida mot Amalek från släkte till släkte."
> 2 Mos 17: 8-16.

Här ser vi hur oerhört viktigt och helt avgörande för den andliga striden det är att förebedjarna gör sitt arbete!

<u>Den första nya tanke jag fick när jag började läsa dessa böcker,</u> handlar om Sveriges järnmalmsexport till Hitlertyskland. Den möjliggjorde för nazisterna att rusta upp och hinna förbi 1:a världskrigets segrarmakter i militär eldkraft så till den milda grad att det tog de allierade tre år att hinna ikapp Tyskland i

vapenproduktion! Redan före kriget stod det klart att den svenska järnmalmen var en oerhört viktig vara i krigstid, speciellt för Tyskland. Den svenska järnmalmen innehåller 60 procent järn, medan den tyska bara 30 procent. Jämför Jeremia 15:12

"Kan man bryta sönder järn från norden?"

Efter krigsutbrottet förhandlades ett avtal fram mellan Sverige, Tyskland och Storbritannien, som skulle reglera den svenska järnmalmsexporten. Sverige skulle få exportera lika mycket järnmalm som 1938 till Tyskland, det vill säga åtta miljoner ton. Detta luckrades genast upp genom att även den tidigare exporten till de av Tyskland ockuperade länderna räknades in. Efter den tyska ockupationen av Norge och Danmark brast alla fördämningar och den svenska järnmalmsexporten till Tyskland ökade successivt till 45 000 ton per dag. (Citat från SVT programmet "123 saker varje svensk bör veta".

Den tanke jag fick av Guds Ande när jag läste om denna skamliga export, var att den "finansieringen" av ondskan ska Sverige inte upprepa! I stället ska vi exportera vår "andliga järnmalm", och det endast till Guds Rike hädanefter! Detta är ett mycket angeläget böneämne! Det märkliga med detta uttryck, "andlig järnmalm", som kom till mig, är att både järn och man har samma symbol! Denna symbol ligger till grund även för Volvos symbol. Vi etniska svenskar härstammar från vikingarna och de var riktiga världserövrare, skickliga och modiga krigare och orädda sjöfarare. Vi har mycket att lära oss av dem i andligt hänseende, dock inte i religiöst hänseende. För dig som vill läsa mer om vad jag menar med detta, bör läsa Kjell Sjöbergs bok: "Andliga vikingar".

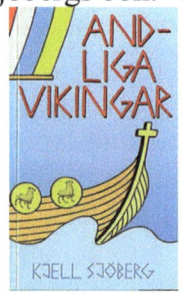

8

Nästa nya tanke jag fick handlar om vilka rättigheter och skyldigheter som råder i ett land som befinner sig i krig. En klar parallell till hur det är tänkt att vara och fungera i Kristi kropp som ju ständigt befinner sig i krig mot Fienden! I maj månad 1940 ansåg den brittiska regeringen det "absolut nödvändigt att begära av parlamentet utomordentliga fullmakter. Härmed skulle regeringen få praktiskt taget oinskränkt makt över alla brittiska undersåtars liv, frihet och egendom. Enligt ordalydelsen var det en absolut makt som parlamentet med denna lag beklädde regeringen med. Regeringen skulle genom en administrativ förordning kunna föreskriva att var och en skulle ställa sin person, sin arbetskraft och sin egendom till rikets förfogande, 'i den mån kungl. Maj:t finner det nödvändigt eller lämpligt med hänsyn till den allmänna säkerheten, landets försvar, upprättandet av allmän ordning eller en effektiv krigföring i något krig som landet kan bli indraget i eller för att garantera tillgången av för samhällslivets bestånd nödvändiga varor eller tjänster.' Det var arbetsministern som skulle få bemyndigande att placera envar på den arbetsuppgift som erfordrades. I samband med bestämmelsen härom hade i lagen införts en klausul som tillförsäkrade vederbörande en rimligt tillmätt lön. Organ för anskaffande av arbetskraft skulle upprättas på alla viktigare orter. Kontrollen över egendom i vidsträcktaste bemärkelse ordnades efter samma principer. Alla större företag, inklusive banker, underkastades regeringens direkta föreskrifter. Arbetsgivare blev skyldiga att uppvisa sin bokföring, och överskottsvinster beskattades till 100%." Citat ur band II, sid. 72-73.

I min predikan "Himlens Befrielse Armé" som jag skrev redan sommaren 2004, berör jag detta ämne på ett andligt sätt. Jag finner det så pass viktigt att jag tagit med hela den predikan här.

H B A, Himlens Befrielse Armé

HBA, Himlens Befrielse Armé, det är vi det. Vi kristna är de som är bäst skickade att befria människor från syndens slaveri, demonisk besatthet och sjukdomars plågor. Vissa saker är vi de enda som kan göra något åt. Framför allt gäller det syndens slaveri. Det går inte att meditera sig fram till frihet från syndens makt. Arvsynden kan bara Jesus förlossa oss ifrån. Arvsynden likställs av Bibeln med dödens makt. Vem kan undvika döden i egen kraft? Lika lite kan någon lösa sig själv från arvsyndens makt. Arvsynden och döden kan bara Jesus lösa oss ifrån i och med att han är **den siste Adam**, 1 Kor 15:45, respektive **Livets furste**, Apg 3:15. Varje gång en människa dör, slår den andliga naturlagen *i Adam* till. Är man inte *i Kristus* samtidigt, finns ingen hjälp att få. Om man däremot är *i Kristus* när man dör, blir utgången en annan. Då kommer Jesus, Livets furste och ledsagar den troende genom dödens käftar ut till den fulla friheten i Kristus/Messias!

Vi läser i Guds Ord hur Jesus befriade en människa som var besatt av en hel legion av demoner, 6000 stycken. Det mästerstycket kan ingen shaman eller trollkarl göra om. Jesus väckte upp flera människor från döden. Det kan ingen New Age:are göra, o.s.v. Av dessa anledningar bad Jesus oss att göra samma gärningar som han gjorde. Inte i vår egen kraft, men väl i den helige Andes kraft, i samma kraft som Han gjorde sina underbara gärningar. Det borde ha varit färdigt för länge sedan med tanke på den multiplikatoreffekt den världsvida Församlingen utgör med flera miljarder "små-jesusar" som gör hans gärningar. Så är inte fallet som vi alla vet. Men vi vet också vad Jesus själv sa om detta i Matteus 13:39; **Skördetiden är tidens ände.** Alltså kan vi se fram emot en total upprättelse av Kristi kropp och därmed varje individ som utgör Kroppen! Vilket härligt hopp vi har med andra ord. Vi som lever nu kommer med stor sannolikhet att få uppleva denna tidsålders avslutning! Det innebär Skördetid och därmed upprättelsetid. Hur ska vi annars kunna avbärga hela jordens alla folk till skörd om vi inte likt Jesus går omkring **smorda med helig ande och kraft** till att och predika evangeliet om Riket och **göra gott och bota alla som är under djävulens våld,** för att tillämpa Apg. 10:38 på oss själva? Jag har i en uppenbarelse sett att vi kommer att få uppleva detta! För att detta ska bli en verklighet i ditt liv, käre broder och syster, behöver du veta om vissa saker och agera på dem! Låt mig förklara det utifrån en världslig företeelse: <u>mönstringen till värnplikten</u>. Innan man blir uttagen till krigstjänst får man genomgå en s.k. mönstring. Där synas man i sömmarna både fysiskt och mentalt. De flesta platsar, men inte alla. De som inte platsar får "frisedel". Du som kristen vill naturligtvis platsa i HBA, Himlens Befrielse Armé, eller hur? Därför kommer jag att enbart tala till dig som vill slippa få "andlig frisedel". Redan i 2 Mos 15:3 läser vi att **HERREN är en stridsman.** Innan Josua kunde leda erövringen av Jeriko, framträder **Hövitsmannen över HERRENS här.** Paulus fortsätter denna tradition genom att i flera församlingsbrev använda sig av militära termer- och dito pedagogiska bilder. Till exempel förmanar han den unge Timoteus att **Lid också du som en god Kristi Jesu soldat,** 2 Tim 2:3. Fortsättningen på den förmaningen kan vi gott läsa och ta till oss i dessa tider av ytlighet och ljumhet.

"Ingen soldat är upptagen av bekymmer för sin försörjning. Han vill stå i hans tjänst som har värvat honom. Och den som tävlar blir inte krönt med segerkransen, om han inte följer reglerna." 2 Tim 2:4-5.

Mönstringsregler:

- Man ska vara fyllda 18 år. Det motsvarar i det andliga att man nått en viss mognadsgrad både personligt och andligt.
- Manligt kön. Det motsvarar i det andliga att personen i fråga lagt bort allt som är barnsligt, 1 Kor 13:11.
- Man ska infinna sig. Det motsvarar i det andliga att man lärt sig att höra från Herren, lyda hans tilltal och visat sig vara att lita på och tar sitt ansvar.
- Man måste vara svensk medborgare. Det motsvarar i det andliga att man är en sann kristen, pånyttfödd, har sitt namn skrivet i Livets bok, tillhör Guds Rike.

Mönstringskrav:

- Får ej ha synfel. Motsvarar i det andliga att man utan hjälpmedel kan se klart och tydligt vem som är vän, respektive fiende.

11

- Får ej vara plattfot. Motsvarar i det andliga att man har beredvillighetens skor på sina fötter.
- Intelligensprov. Motsvarar i det andliga att man har ett sunt förstånd som man brukar med full kontroll.
- Konditionsprov. Motsvarar i det andliga att man ber och läser sin Bibel dagligen.
- Styrkeprov. Motsvarar i det andliga att man har en viss vana av att utstå lidande, besvikelse, motgångar och prövningar samt att fasta vid behov.
- Skytteprov. Motsvarar i det andliga att man har ett hum om vad det innebär att stå iklädd Guds hela vapenrustning och använda dess vapen och beståndsdelar.

Detta är vad jag minns ingick i den militära mönstringen 1970. Det räcker som utgångspunkt för det jag vill säga. Alldeles på tok för länge har vi "lekt" kristendom och församling i Sverige. Det har varit en fritidssysselsättning för de flesta, och har bedrivits i föreningsform, med statsbidrag dessutom! Det har lett fram till dagens situation med apati och övertolerans mot synden i församling och samhälle. Flera generationer har gått förlorade för Församlingen i vårt land. Dessa har valt karriär, självförverkligande, världens och syndens frestelser i stället. Men nu är det dags för ett uppvaknande och ett rannsakande. Herren Jesus kommer själv att handplocka de stridsdugliga soldaterna i den kamp för Sverige som Han kommer att starta. Han kommer inte att se mellan fingrarna på dubbla motiv, baktankar, vankelmod och annat sådant. I stället för en "allmän värnpliktsarmé", måste han i denna sena timme lita till "elitsoldater" för de uppdrag som står på dagordningen. Med elitsoldater menar jag inte att det finns A- och B-kristna. Nej, alla är lika mycket frälsta, värda och älskade av Gud. Men alla är inte lika mycket skickade till andliga uppdrag som kräver stort mod och tro. Redan på GT:s tid var det så att inte alla var frontsoldater eller räknades bland Davids hjältar. Se uppräkningen i 2 Sam 23:8-39!

Den som klarar mönstringen blir inkallad till grundutbildning i ett vapenslag, regemente, kompani, pluton och grupp. Det motsvaras i

12

det andliga av att du av Herren Jesus själv, genom den helige Ande, leds att göra ett kvalitativt val att satsa på det eller det i ditt kristna liv. Det innebär att du medvetet väljer bort andra goda alternativ för att fokusera på det viktigaste. Du har då valt vilket "vapenslag" du ska hålla på med. Sedan kommer en successiv precisering av denna kallelse. "Regemente" motsvaras kanske av en viss bibelskola, "kompani" motsvaras av en viss inriktning på bibelskolan och "pluton" motsvaras av vilken termin det blir och "grupp" motsvarar de individer du ska samarbeta med.

I Sverige är grundutbildningen för menig soldat 7½ månader, och längre för befälsutbildning. (I USA, Ryssland och Israel t.ex. är "lumpen" mellan två och tre år.) Den som klarat grundutbildningen får "mucka" för att sedan bli krigsplacerad. Det innebär att man får veta exakt var man ska infinna sig vid krigstillstånd för att utföra precis det man är utbildad för. Krigsplaceringen är hemlig.

"En totalförsvarspliktig har vid inställelse för mönstring och när han eller hon fullgör värnplikt **rätt till**:
1. reseförmåner,
2. fri förplägnad,
3. fri inkvartering,
4. fri hälso- och sjukvård,
5. fri grupplivförsäkring, samt
6. begravningshjälp.

Den som fullgör värnplikt har även rätt till:
1. fri utrustning,
2. dagersättning eller dagpenning,
3. utbildningspremie efter viss grundutbildning,
4. under viss grundutbildning fria högskoleprov i den omfattning regeringen bestämmer,
5. familjebidrag,
6. tandvård, samt
7. vid beredskapstjänstgöring och krigstjänstgöring, fälttraktamente och särskild ersättning för tjänstgöring i viss befattning. Lag 2002:276."

Av ovan citerade lagtext ser man vilka förmåner den moderne "indelte soldaten" har. Likadant, fast oändligt mycket bättre är naturligtvis löne- och naturaförmånerna i HBA! Det var av den anledningen jag citerade 2 Tim 2:4

> "Ingen soldat är upptagen av bekymmer för sin försörjning. Han vill stå i hans tjänst som har värvat honom."

Alltför många kristna är alldeles för oroliga och därmed upptagna med sin försörjning i stället för att i tro lita på Guds försörjning. Jag har sett detta i funktion i många år nu alltsedan den dag jag blev utmanad av Herren att lita på hans totala omsorg för mig. Jag var inte med i facket eller a-kassan under de 20 år jag var anställd vid Umeå tingsrätt. Varför skulle jag vara det när jag har världens rikaste Pappa? Han äger ju **allt silvret och allt guldet** i världen, enligt Haggai 2:9. Varje kristen har en utmaning över sitt liv att växa i tro ända upp till Abrahams tro. Han är **trons fader** och vi kan som han gjorde, lita helt och fullt på Guds kärlek som även tar sig uttryck i form av materiella och ekonomiska välsignelser. Världens rikedomar och resurser finns till för att finansiera Evangelium, Guds Rike och skördearbetet!

Lika lite som Abraham eller Jesus och hans lärjungar hade någon pensionsförsäkring, har jag det. De första kristna band inte upp sina ekonomiska tillgångar i aktier eller i fastigheter. Tvärtom sålde de sina fastigheter och gav det till församlingen för dess dagliga utdelning till var och en efter sina behov. Se Apostlagärningarna 2:44-45 och 4:34-37. Nu vet jag att vi inte befinner oss i en liknande situation som de var i, varken i ekonomiskt- eller i första kärlekshänseende. Men vi <u>kommer</u> att hamna där snart. Då är det inte fel att ha tränat på detta i några år så att det sitter i märgen. Bara den som gjort sig totalt beroende av Gud och hans kärleksfulla omsorg, kommer också att få uppleva den rent konkret, praktiskt i sina liv. Se till att du blir <u>nödvändig</u> för Gud. Det är bästa garantin för hans favör och beskydd av dig. Bli en frontsoldat i HBA, Himlens Befrielse Armé!" Slut citat predikan.

Sverige har haft sammanhängande fred i drygt 200 år nu, vilket torde vara världsrekord. Det ska vi prisa och tacka Gud för, men det har tyvärr även fört med sig negativa konsekvenser. Man brukar ibland säga att vi svenskar är "fredsskadade". Det tar sig uttryck i en otacksamhet för friheten, demokratin och den höga materiella standarden, samt en mentalt nedsatt förmåga i den svenska folksjälen att lyda order och att tänka i militära termer. Som kristen förutsätts det nu för tiden att man ska göra vapenfri tjänst, vara pacifist och heja på den "kristna" Plogbillsrörelsens "avrustningar" av militära föremål som kostat skattebetalarna miljoner att anskaffa. Till officeren med den sjuka tjänaren sa inte Jesus: "Hörru, ta och byt jobb, du är ju militär!" I stället berömde han honom för hans stora tro som till stor del berodde på att han var van att lyda order och tänka i militära termer!

"Då Jesus var på väg in i Kapernaum, kom en officer fram och bad honom: "Herre, min tjänare ligger lam där hemma och har svåra plågor." Jesus frågade honom: "Ska då jag komma och bota honom?" Officeren svarade: "Herre, jag är inte värd att du går in under mitt tak, men säg bara ett ord, så blir min tjänare frisk. Också jag är en man som står under andras befäl, och jag har soldater under mig. Säger jag till en: Gå, så går han, och till en annan: Kom, så kommer han, och till min tjänare: Gör det här, så gör han det." När Jesus hörde det, blev han förvånad och sa till dem som följde honom: "Amen säger jag er: I Israel har jag inte hos någon funnit en så stark tro. Jag säger er: Många ska komma från öster och väster och ligga till bords med Abraham och Isak och Jakob i himmelriket. Men rikets barn ska kastas ut i mörkret utanför. Där ska man gråta och skära tänder." Till officeren sa Jesus: "Gå, som du tror ska det ske dig." Och i samma ögonblick blev hans tjänare frisk." Matt 8:5-13.

Just denna oförmåga att tänka i militära termer gör att många kristna inte lyder order, inte ens Jesu order! I stället för att vara hans ords görare, nöjer vi oss med att vara hans ords hörare. Men då **bedrar vi oss själva**, säger Jak 1:22. Det är det vi har gjort. Det sitter mängder av kristna varje söndag och hör ordet predikas utan att sedan gå ut och tillämpa det under resten av veckan och livet. Den reflexmässiga lydnaden saknas hos många kristna. Apostlagärningarna 10 ger oss ett till exempel på Guds syn på militärer.

"I Cesarea bodde en man som hette Kornelius, en officer vid den italiska vaktavdelningen. Han var from och fruktade Gud liksom alla i hans hus, och han gav frikostigt med gåvor till folket och bad alltid till Gud. En dag omkring nionde timmen såg han tydligt i en syn, hur en Guds ängel kom in till honom och sa: "Kornelius!" Han stirrade förskräckt på ängeln och frågade: "Vad är det, herre?" Ängeln sa: "Dina böner och dina gåvor har stigit upp till Gud som ett offer han kommer ihåg."

Ja, ni vet fortsättningen. Denne militär var den förste hedning som fick bli född på nytt och andedöpt! Varför valde Gud ut just honom? Jag tror att det berodde på att Gud satsar fram för allt på personer han vet kommer att lyda honom. Militärer är vana att lyda order. Gud har inget emot militärer!

"Överheten är en Guds tjänare till ditt bästa. Men gör du det onda ska du frukta, ty överheten bär inte svärdet förgäves. Den är en Guds tjänare, en hämnare som straffar den som gör det onda." Rom 13:4.

Ett tredje och väldigt övertygande bibliskt exempel på Guds intresse för lydnad finner vi i Apg 16.

"Sedan tog de vägen genom Frygien och Galatien, eftersom de av den helige Ande hindrades från att predika ordet i Asien. När de nådde Mysien försökte de bege sig till Bitynien, men det tillät inte Jesu Ande. Då for de genom Mysien ner till Troas. På natten såg Paulus en syn. En man från Makedonien stod där och bad honom: "Kom över till Makedonien och hjälp oss!" När han hade sett denna syn, försökte vi genast ta oss till Makedonien, eftersom vi förstod att Gud hade kallat oss att predika evangeliet för dem. Vi lade ut från Troas och seglade rakt över till Samotrake och nästa dag till Neapolis och därifrån till Filippi, som är den ledande staden i denna del av Makedonien och en romersk koloni. I den staden stannade vi några dagar."

Det intressanta med denna händelse är vad vers 12 säger: **Filippi var en romersk koloni.** "Med det menas att Filippi var ett område som upplåtits som boplats för romare och fått särskilda privilegier. Filippi var en militärkoloni. Ett större antal romerska soldater och officerare hade efter avslutad militärtjänst slagit sig ner där", säger Folkbibeln i en not till versen. Den helige Ande satsade bevisligen på människor han visste skulle lyda både evangelium och Jesu ord och befallningar, för att Guds rike skulle kunna spridas. Därför utvalde han ofta militärer. För hos dem visste han att lydnaden skulle finnas som en reflex. Trots förföljelse fick Paulus och Silas föra fångvaktaren och hela hans familj till tro, förutom alla andra som hade kommit till tro genom deras ankomst dit. Den församling som här bildades var den första i Europa. Lukas stannade kvar där efter att Paulus och Silas fortsatte djupare in i Makedonien. Just denna församling blev Paulus största glädjeämne på jorden. Säkert mycket på grund av deras lydnad mot tron och Guds ord. Därav hans glädjerika Filipperbrev.

<u>Varför är Sverige världens mest sekulariserade land?</u> Det borde vi ju inte vara med tanke på de väckelser som gått fram över vårt land, ända in på 1900-talet och med tanke på så många kristna vi har varit och är ännu. Men faktum är att medan endast 4% av hela världens befolkning är ateister, är 40% av svenskarna ateister! Det beror till stor del på att vi inte har lytt de himmelska buden. Vi är så

17

otroligt dåliga på att lyda Guds ord och Jesu bud. Därmed har vi undanhållit svenska folket ett trovärdigt vittnesbörd om Guds existens och Jesu uppståndelse. Vi har inte längre **trons lydnad** upprättad i oss! (Rom 1:5, Rom 16:26.) Därför har denna andliga stridsskola kommit till för att avhjälpa oss denna brist på trons lydnad och därmed ta oss upp på barrikaderna igen för att återta alla förlorade områden!

De allierades överordnade strategi var att tvinga fienden till sammandrabbningar i vetskap om att de egna styrkorna och beväpningen var överlägsna fiendens. Våra vapen **är** mäktiga.

"De vapen vi strider med är inte svaga utan har makt inför Gud att bryta ner fästen. Ja, vi bryter ner tankebyggnader och allt högt som reser sig upp mot kunskapen om Gud. Och vi gör varje tanke till en lydig fånge hos Kristus och är beredda att straffa all olydnad, så snart ni har blivit fullkomligt lydiga." 2 Kor 10:4-6.

Vi har dessutom både sanningen och Sanningen på vår sida. Sanningen vinner alltid över lögnen. Men återigen ser vi att grundförutsättningen är att vi först har blivit lydiga!

Det är bevisligen inte bara jag som har fått upp ögonen för de andliga lärdomar Andra världskriget (WWII) kan ge oss. Artikeln nedan från "Creation Ministries International" — tidigare "Answers in Genesis" har mycket att säga och lära oss.

Chamberlain och Kyrkan

År 2018 var det 80 år sedan ett av de mest katastrofala misstagen i historien begicks. Den 30 September 1938 undertecknade Storbritanniens premiärminister, Neville Chamberlain, en överenskommelse i München med Tysklands rikskansler, Adolf Hitler. Den överenskommelsen undertecknades bakom ryggen på Tjeckoslovakien och gav Hitler rätten till den tjeckiska regionen

18

Sudetlandet, med dess stora antal av etniska tyskar. Chamberlain återvände till England, viftade med överenskommelsen inför hurrande massor, och sa de berömda orden: *"Mina vänner, för andra gången i vår historia har en brittisk premiärminister återvänt från Tyskland med en hedersam fred. Jag tror det är fred i vår tid."*

Emellertid fördömde Winston Churchill denna överenskommelse i underhuset och han skulle senare leda den fria världen till fullständig seger över Hitler. Han hade tidigare argumenterat i ett helt decennium om att den fria världen borde ha beslutsamt stått emot Hitler medan han ännu var svag. (Jämför Jesu ord om att hotet från en överlägsen motståndare kan medföra en vilja till fred, se Luk 14:31-32.) Efter Münchenöverenskommelsen förutspådde Churchill helt rätt att Chamberlains eftergiftspolitik mot en skoningslös despot skulle få fruktansvärda konsekvenser, och använde sig av bibliskt bildspråk: "Vi har lidit ett totalt nederlag utan förmildrande omständigheter....ni kommer att få se inom några år eller månader så kommer Tjeckoslovakien att uppslukas av naziregimen. Vi har framför oss en katastrof av första graden....vi har godkänt ett nederlag utan krig, vars konsekvenser kommer att följa med oss på vår väg under lång tid ... vi har passerat en skräckinjagande milstolpe i vår historia, när hela Europas jämvikt har bringats till oordning och de förfärliga orden har nu uttalats mot västvärldens demokratier: **'Du är vägd på en våg och funnen vara för lätt'**. (Daniel 5:27) Tro inte att detta är slutet. Detta är endast början på räkenskapens dag. Detta är endast den första smutten, försmaken på den bittra kalk som kommer att räckas fram åt oss år efter år, om inte en oerhörd återhämtning av moralisk hälsa och militär styrka hjälper oss att resa oss igen och ta ställning för frihet igen som i svunna tider."

Precis som Churchill förstod så ledde denna eftergiftspolitik mot Hitler endast till att göra honom ännu fräckare, som nu insåg att Chamberlain var en svag gammal man som han bara kände förakt för. Dessutom gav Münchenöverenskommelsen Hitler de jättelika Skoda-verken som stärkte hans militärmakt enormt och gjorde honom ännu svårare att stoppa. Hans motståndare skulle nu få mötas av vågor av tjeckisktillverkade tyska stridsvagnar. Som vi nu vet dröjde det inte länge förrän Hitler ockuperade resten av Tjeckoslovakien.

Mindre än ett år efter Münchenöverenskommelsen invaderade Hitler Polen den 1/9 1939, och den 3/9 1939 förklarade Chamberlain att Storbritannien var i krig mot Tyskland. Storbritannien var ytterst nära att förlora kriget, som krävde 60 miljoner människors liv och kostade alla inbegripna länder omkring en miljard $ av 1944 års värde. I sitt stora bokverk på sex band, Andra Världskriget, skriver Churchill: "En dag sa president Roosevelt att han hade bett allmänheten komma med förslag på vad man skulle benämna detta krig. Jag sa genast 'Det onödiga kriget'. Det har aldrig funnits ett krig som varit lättare att stoppa än det som nu har förstört det som var kvar efter det förra världskriget. Det är min uppriktiga hopp att begrundandet av det förgångna ska ge oss ledning i dagar som kommer, och göra det möjligt för en ny generation att laga några av felen från tidigare år och därmed styra, i samklang med människans behov och ära, framtidens hemska scener som kommer att utvecklas."

VAD KAN KYRKAN LÄRA SIG AV DETTA?

Ordspråket säger: Den som inte vill lära sig av historien är dömd att upprepa den. (1) Många inom kyrkan har inte lärt sig av Münchenöverenskommelsen att det är dårskap med eftergiftspolitik. Nutidens kristna som tror på en teistisk evolution har i grund och botten gett efter för ateisterna genom att tillerkänna dem saklighet och vetenskaplighet. Precis som Chamberlain så lever de i den glada tron att ateisterna ska kunna vinnas eller åtminstone inte gå längre. Men i verkligheten har dessa kompromissande kristna styrkt ateisternas argument enormt genom att överlämna sådana kraftfulla argument till dem:

20

- Trots att den moderna vetenskapen har sitt ursprung inom Kristendomen, och dödfödd inom andra kulturer, (2), använder ateister nu vetenskap (eller snarare materialistisk filosofi förklädd till vetenskap) mot Kyrkan.
- Aposteln Paulus säger i Rom 1:18-32 att skapelsens bevis är så entydiga att människor är **utan ursäkt** när de inte tror på Gud. Men om evolutionsteorin är sann är det även sant vad den ledande evolutionisten Stephen Jay Gould säger, att världen inte uppvisar något bevis på en skapelse: 'det är inget annat som håller på därute, endast organismer som strävar efter att vidareförmedla sina gener till nästa generation.' (3) Så om evolutionsteorin är sann finns det inga bevis för en skapande Gud, utan endast den råa kampen om överlevnad. Varför skulle då de otroende vara **utan ursäkt** om evolutionsteorin är sann?
- Aposteln Petrus säger att hånare kommer att motsäga syndaflodsberättelsen, (2 Petr 3:3-7). Men om miljoner av år vore sant skulle det inte ha varit någon syndaflod, eller åtminstone ingen som lämnade kvar några bevis (t.ex. sedimentära bergarter och fossiler). Hur kan då Gud hålla dessa hånare och motsägare ansvariga för sina anklagelser om det inte finns några bevis för en syndaflod?
- I det tidiga 1800-talet var det många kristna som kapitulerade för Huttons och Lyells trossats om långa tidsåldrar, trots de vetenskapliga problemen därmed och de andliga varningarna från de bibeltrogna geologerna. (4) Men efter det att man accepterat en geologisk evolution var det avväpnade för att kunna stå emot Darwins biologiska evolution. (5) För det första hade de redan övergett 1 Mosebok som auktoritet. För det andra kunde Darwin med det länka samman långsamma och gradvisa geologiska processer med långsamma och gradvisa biologiska processer. För det tredje, utan Skapelseberättelse, syndafall, syndaflod och utspridning över jorden vid tiden för Peleg i 1 Mos 10:25, så hade man ingen sann historia alls. Darwin kunde då lätt motsäga låtsas-skapelseberättelsen som den kompromissande kyrkan höll

21

sig med. Den innehöll sådana saker som att Gud skulle ha skapat sjukdomsalstrande bakterier, köttätande rovdjur redan från början (utan att ta hänsyn till att ett syndafall och en syndaflod hade skett), (6) utdöende av djurarter (utan inverkan av syndaflod) och djuren i deras nuvarande placering över jorden (utan medverkan av syndaflod och utbredning vid Peleg.)

Likt Hitler, varför skulle ateister göra någon eftergift eller medgivande för en fiende som uppvisar en sån feg svaghet? I verkligheten är det Kyrkan som har gjort alla eftergifterna. Ateisterna har inte gett något av värde i gengäld. Varför skulle de inte fortsätta att hålla ut i väntan på ännu fler eftergifter, medan de använder de kristnas vapen emot dem?

Ett nutida exempel på den fortsatta eftergiftsteologin är Howard van Till vid Calvin College, som i decennier hävdade att evolutionsteorin inte var något hot mot kristendomen, och hans kollegor stödde honom i den åsikten. Efter att ha gått i pension uppvisade han sina rätta färger genom att överge den kristna tron helt och hållet. En artikel säger om honom: Under de två följande decennierna blev han den kättare som hans kritiker hade misstänkt honom för att vara. (7) Därmed är van Till endast den senaste i den långa raden av avfällingar, vars sluttande plan började med en eftergift på 1 Moseboks område. Se även Billy Grahams evangelistkamrat Charles Templetons öde, 1915-2001. (8).

Vad borde Kyrkan göra i stället?

Vi borde verkligen lära oss läxan av Churchill, som ledde den fria världen till att slutligen besegra Hitler. Men före andra världskriget var han utstött i den politiska ödemarken därför att han varnade för farorna med Hitler. Han sa: 'Om du inte vill kämpa för det som är rätt när du lätt kan vinna utan blodsutgjutelser, om du inte vill strida när en seger är säker och inte för kostsam, kan det gå så långt att du tvingas kämpa emot alla odds, med endast en oviss chans till överlevnad. Det kan till och med bli ännu värre! Du kan komma att vara tvungen att kämpa när det inte finns något hopp om seger, därför att det är bättre att förgås än att leva som slavar.'

På liknande sätt, alldeles för många inom Kyrkan misslyckades med att stå fast vid Bibelns klara undervisning, i motsats till olika modeller som använts för att förklara dess undervisning. (9) Nu måste stora delar av Kyrkan återerövra dess huvudvapen, **Andens svärd som är Guds ord,** Ef. 6:17. Det är av avgörande betydelse att dessa kristna tränas till att <u>använda</u> det likaväl som att <u>försvara</u> det, vilket aposteln Petrus säger i 1 Petr 3:15, samt att <u>förstöra</u> de motsägande andliga fästena genom att bryta ned de argument och **tankebyggnader som upphäver sig mot kunskapen om Gud,** enligt 2 Kor 10:4-5. (10) Eftersom mycket av världens attacker är på Bibelns historia, måste det också vara vår fokus i våra ansträngningar.

Reformatorn Martin Luther, 1483-1546, var på det klara med att överge doktriner som förlöjligas av världen, är en stor försumlighet av den kristna plikten: "Om jag bekänner med den högsta röst och den klaraste utläggning alla delar av Guds Ord, förutom just den lilla punkten som världen och djävulen för tillfället attackerar, då bekänner jag inte Kristus, hur modigt jag än bekänner Honom. På det område där striden utkämpas prövas soldatens lojalitet. Men att stå stadig på alla andra områden och svika på det speciella området, är ren och skär flykt och skam.' (11)

Slut citat från artikeln. Referenser och noter sist i boken.

Jämför den västerländska kristenhetens krypande anpassning till världen och därmed minskande inflytande på världen, med de kristna i Sydkorea! Där skäms man inte för evangelium, utan går offensivt och frimodigt fram i tro på Guds kraft och i lydnad för missionsbefallningen. Där har man på några decennier förvandlat ett totalt buddhistiskt samhälle till att nu vara ett land där var tredje invånare är bekännande kristen!

"Tag därför på er hela Guds vapenrustning, så att ni kan stå emot på den onda dagen och behålla fältet, sedan ni fullgjort allt." Ef 6:13.

Vi svenska kristna har däremot varken "stått emot på den onda dagen" eller "behållit fältet".

Enligt Ef. 2:2 är vår fiende **fursten över luftens härsmakt**, (1917-års översättning).

"Tidigare levde ni i dem på den här världens vis och följde **härskaren över luftens välde**, den ande som nu är verksam i olydnadens söner," (Svenska Folkbibeln).

Under Första världskriget uppfann Storbritannien den moderna stridsvagnen. Under WWII (Andra världskriget), blev en helt annan vapentyp introducerad: flygvapnet. Kampen om luftherraväldet var hela tiden den avgörande faktorn under hela WWII. Därför prioriterade UK (Storbritannien) att återerövra från tyskarna herraväldet i luften så fort som möjligt genom att producera mängder av nya och moderna typer av jaktplan och bombplan. W.C. (Winston Churchill) tog även lärdom av tyskarnas taktik att alla deras styrkor hade luftvärnsartilleri till sitt försvar. Likaså måste vi alltid be om blodets beskydd och änglavakt för varandra och ha förebedjare som aktivt bekämpar **fursten över luftens härsmakt**, Ef 2:2, och håller honom stången.

En intressant tanke och andlig jämförelse slogs jag av när jag i band II, på sid 271 läste: "Jagarflottiljerna behöver starkt stöd av jaktflyg för att kunna arbeta i dagsljus. Att detta stöd tillhandahålls är en absolut förutsättning för att jagarna med kraft ska kunna ingripa."

Jagarna = evangelisterna. Jaktflyget = förebedjarna och profeterna.

Det behövs med andra ord samordnade aktioner mellan evangelisation och förbön för att våra ansträngningar ska bära frukt. Likadant var det för bombplanen. De måste ha jaktplanseskort för att inte skjutas ned hur lätt som helst. I linje med detta behöver apostlar och profeter förebedjarnas beskydd. En gång för många år sedan när jag var i förbön för vår stad tillsammans med en bönebroder, blev jag ledd till att be utifrån Luk 8:31

> "Demonerna bad Jesus att han inte skulle befalla dem att fara ner i avgrunden."

Trots att Jesus gjorde som demonerna bad om i detta fall, av pedagogiska skäl, vet jag att det är i avgrunden demoner hör hemma. Det var ju därför de bad Herren att han inte skulle befalla dem ned dit. Så jag befallde alla verksamma demoner i Umeå att fara ned i avgrunden! Döm om min förvåning när jag direkt efter att jag befallt detta, såg i en syn en gråvit, rökaktig dimma längs marken, som formades till ett långt, sammanhängande avlångt rökmoln, som en lian ungefär, vilken "sögs" ned i ett hål i marken med en väldig fart. När jag såg det passade jag på att proklamera att ett blylock skulle läggas på efter dem så att de inte kunde komma upp igen. Jag fick den idén från Sakarja 5:7-8 där det står:

> "Ett lock av bly lyfte sig och en kvinna satt mitt i korgen. Han sa: "Detta är ondskan." Och han stötte åter ner henne i korgen och slog igen blylocket över öppningen."

Precis detta fick jag se! Ett tjockt blylock kom ned Ovanifrån med en väldig fart och studsade upp en gång från marken innan den landade tungt över hålet i marken där demonerna hade farit ned!

Detta handlar inte om hur "bra" jag är på att be, utan om Jesu löfte i Lukas 10: 17-20.

> "De sjuttio kom glada tillbaka och berättade: "Herre, till och med de onda andarna lyder oss i ditt namn." Han sa till dem: "Jag såg Satan falla ner från himlen som en blixt. Se, jag har gett er makt att trampa på ormar och skorpioner och att stå emot fiendens hela välde. Ingenting ska

någonsin skada er. Men gläd er inte så mycket över att andarna lyder er, som över att era namn är skrivna i himlen."

Churchill beordrade att alla reservstyrkor under krigets början skulle: "utbildas för de högsta formerna av offensiv krigföring och motanfall. Det passiva motståndet måste få ett slut!" Den svenska kristenheten har i decennier enbart, och på sin höjd, bedrivit passivt motstånd, medan fienden hela tiden har gått offensivt fram och gjort nya överraskningsanfall på nya områden hela tiden. Churchills huvudprincip var: <u>behåll alltid initiativet!</u> Vi kristna andliga soldater ska vara de som bestämmer var striden ska utkämpas. Då får fienden aldrig en chans att verkställa sina planer, utan måste hela tiden improvisera hastigt ihopsatta motplaner. Hittills har passivitet varit vårt kännetecken. Vi har endast besvarat fienden med att lansera "det kristna svaret på....", eller t.o.m. backa från vår tro och lära, retirera helt enkelt. Churchill sa: "Fördelen med att ha initiativet är mycket stort." Jämför RFSL:s, ateisternas och evolutionisternas initiativ med många kristnas apati, initiativlöshet och krypande anpassning! Än en gång måste jag citera Ef 6:13.....

> "Ta därför på er hela Guds vapenrustning, så att ni kan stå emot på den onda dagen och behålla fältet, sedan ni fullgjort allt."

"De där hunnerna (tyskarna) är inte alls så farliga när de väl har förlorat initiativet". Så är det i det andliga också. Den som har eller tar initiativet leder utvecklingen. Att endast svara på fiendens alla olika initiativ ger aldrig seger. HERREN förväntar sig av oss att vi ska vara "huvuden och inte svansar, alltid ligga över och aldrig ligga under", enligt 5 Mos 28:13. Gud vet att slutsegern tillkommer den som har både det strategiska- (långsiktiga) och det taktiska (tillfälliga, kortsiktiga) initiativet. Gud som står utanför tid och rum har tack och lov det mest långsiktiga perspektivet man <u>kan</u> ha! (Därav alla profetiorna i Bibeln.) Därför kan vi koncentrera oss på att ha det taktiska initiativet. Det var framgångsreceptet vid slaget om El Alamein. Den segern kallade Churchill för att "Ödet hade svängt på sina gångjärn".

Lika viktigt är det med ledarskapet i avgörande strider och slag. Inför slaget om El Alamein var Gud tvungen att göra en "rockad" bland generalerna för att säkerställa den kommande och avgörande segern för de allierade. Annars hade Tyskland nått fram till det brittiska Palestinamandatet och där kunna mörda de 500.000 europeiska judar som flytt dit. Rockaden bestod i att den tröttkörde general Gott som anförtrotts uppdraget att leda slaget, tilläts av Gud att omkomma i en flygolycka så att general Montgomery i stället fick överta befälet. "Montgomery var en lysande befälhavare i fält", enligt Churchill.

Forma historien med bön - av Derek Prince

Som ung soldat i Andra Världskriget fick Derek Prince möta Gud. Långt borta från allt vad kyrkor heter läste han Guds Ord och trodde som det står. Erfarenheterna revolutionerade hans syn på bön för staden och nationen.

"Från 1941 till 1943 tjänstgjorde jag som sjukvårdare vid de brittiska styrkorna i Nordafrika", berättar Derek Prince. "Jag tillhörde en liten medicinsk enhet, som arbetade vid två brittiska pansardivisioner – 1:a och 7:e Pansardivisionerna. Det var den sistnämnda som hyllades som "ökenråttorna". Vid den tiden var moralen mycket låg i de brittiska ökenstyrkorna. Grundproblemet var, att männen inte hade förtroende för officerarna. Som grupp var ökenofficerarna vid den här tiden själviska, oansvariga och odisciplinerade. Deras huvudintresse var inte männens välbefinnande eller en effektiv krigföring, utan deras egen materiella bekvämlighet.

Jag erinrar mig en officer, som insjuknade i malaria och fördes till ett bassjukhus i Kairo. För transporten till Kairo rekvirerade han en fyrabäddsambulans för egen del och en stor lastbil för sin utrustning och personliga tillhörigheter. Vid den tiden fick vi

27

ständigt höra att det var mycket ont om lastbilar och bensin och att vi på allt sätt måste hushålla med dessa två saker.

Från Kairo fördes sedan denne officer till England - en åtgärd som förvisso inte enbart orsakades av malariaanfallet. Några månader senare hörde vi honom i en radioutsändning från England. Han gav en mycket livlig skildring av svårigheterna med att kriga i öknen!

Under den här tiden var den största påfrestningen bristen på vatten. Förråden var mycket strängt ransonerade. Våra vattenflaskor fylldes varannan dag. Detta var allt vatten, som vi tilldelades för alla ändamål - tvättning, rakning, att dricka och till matlagning. Ändå drack officerarna i sin mäss regelbundet varje kväll mera vatten med sin whisky än vad de meniga fick till alla andra ändamål sammanlagt.

Resultatet av allt detta blev den längsta reträtten i brittiska arméns historia - totalt omkring 100 mil - från Tripoli till El Alamein, omkring åtta mil väster om Kairo. Här grävde de brittiska styrkorna ner sig för ett slutligt motstånd. Om El Alamein skulle falla, skulle vägen vara öppen för tyskarna att vinna kontroll över Egypten, stänga Suez-kanalen och gå in i Palestina. Den judiska befolkningen där skulle då bli offer för samma behandling som redan drabbat judarna i varje del av Europa, som kommit under nazisternas kontroll.

Omkring 18 månader tidigare hade jag haft en mycket stark och dramatisk uppenbarelse av Jesus Kristus. Därför visste jag av egen erfarenhet att Guds makt var en verklighet. I öknen hade jag ingen församling eller pastor, som kunde ge mig gemenskap eller råd. Jag var tvungen att förlita mig på de två grundläggande ting, som Gud försett varje kristen med: Bibeln och den helige Ande.

Jag insåg tidigt att enligt NT är fasta en normal del i en kristens disciplin. Under hela den tid, som jag var i öknen, avsatte jag därför regelbundet varje onsdag som en speciell dag för fasta och bön.

28

Under den långa och moraliskt nedbrytande reträtten till Kairos utkanter lade Gud en börda på mitt hjärta att be, såväl för de brittiska styrkorna i öknen som för hela situationen i Mellanöstern. Ändå kunde jag inte förstå hur Gud skulle kunna välsigna ett ledarskap, som var så ovärdigt och odugligt. Efter en tids sökande gav mig den helige Ande följande bön:

'Herre, ge oss ledare, som är sådana att det blir till din ära, och att du ger oss seger genom dem.'

Jag fortsatte att be denna bön regelbundet varje dag. I sinom tid beslutade den brittiska regeringen att avlösa överbefälhavaren för ökentrupperna och ersätta honom med en annan man – general Gott. Han flögs till Kairo för att överta kommandot, men hans plan blev nedskjutet. Han överlevde kraschen men blev skjuten på marken och dog. De brittiska styrkorna på denna viktiga krigsskådeplats blev alltså lämnade utan befälhavare i denna kritiska situation. Winston Churchill var premiärminister i Storbritannien vid den här tiden. Han handlade till stor del på eget initiativ när han utnämnde en mer eller mindre okänd officer, överstelöjtnant Bernard Montgomery, som hastigt flögs ut från England.

Montgomery var son till en evangelisk, anglikansk biskop. Han var en man, som utan tvivel uppfyllde Guds två krav på en god ledare. Han var rättvis och gudfruktig. Själv oerhört disciplinerad lyckades han på två månader ingjuta en helt ny känsla för disciplin hos officerarna, och det återställde soldaternas förtroende för dem. Så utkämpades huvudstriden vid El Alamein. Den blev den första viktigare segern för de allierade dittills under hela kriget. Faran för Egypten, för Suez-kanalen och för Palestina avvärjdes slutgiltigt och hela krigets förlopp ändrades till de allierades fördel. Det är ingen överdrift att säga att slaget vid El Alamein var vändpunkten för kriget i Nordafrika.

Några dagar efter slaget befann jag mig i öknen några kilometer bakom de framryckande allierade styrkorna. Från en radio, som stod på en bräda i en militärtruck, kunde jag höra en nyhetskommentator beskriva stämningen i Montgomerys högkvarter, så som han upplevt den på kvällen före slaget. Han berättade hur Montgomery offentligen uppmanade sina officerare och meniga till bön och sa: "Låt oss be Herren, väldig i strid, att han ger oss segern." När jag hörde dessa ord genom radion talade Gud mycket tydligt dessa ord **"Detta är svaret på dina böner."**

Den brittiska regeringen hade valt general Gott till överbefälhavare, men Gud ställde honom åt sidan och kallade överstelöjtnant Montgomery, en man efter Guds eget val. Gud gjorde detta för att hans eget namn skulle bli ärat och som svar på en bön, vilken han själv genom sin helige Ande hade inspirerat mig att be. Genom detta ingripande räddade Gud också judarna i Palestina från att komma under nazisternas kontroll.

Jag tror att den bön, som Gud gav den gången, skulle passa bra att använda i andra situationer, både militära och politiska: **Herre ge oss ledare, som är sådana, att det blir till din ära, och att du ger oss seger genom dem.** (Ur boken "Andliga vapen som kan förändra Sverige", av Derek Prince. Köp den, läs den!)

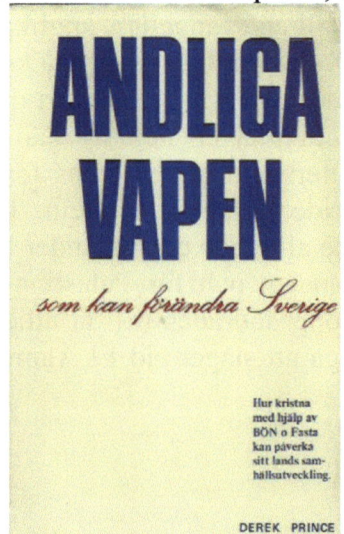

Guds fokus för sitt handlande har alltid varit Israel och Jerusalem.

"Så säger Herren, HERREN: Detta är Jerusalem som jag har satt mitt ibland hednafolken med länder runt omkring." Hesekiel 5:5.

Jerusalem är navet och alla hednanationer är hjulet som roterar runt detta nav. Därför lät Gud de allierade vinna alla de slag och nationer som behövdes för att förhindra Hitlers planer på att inta det brittiska Palestinamandatets område och Jerusalem. För utan nationen Israel med Jerusalem som dess huvudstad, blir det ingen Jesu återkomst! Se Sakarja 14:4!

"Om deras fall har varit till rikedom för världen och deras fåtal varit till rikedom för hedningarna, hur mycket mer skall då inte deras fulla antal vara det? Ty om deras förkastelse betydde världens försoning, vad ska då inte deras upptagande betyda, om inte liv från de döda?" Rom 11:12, 15.

Vad hade hänt med Hitler personligen om han hade intagit Palestinamandatet och tågat in i Jerusalem? Hade han drabbats av det s.k. Jerusalemsyndromet? Jerusalemsyndromet är namnet på en psykos som drabbar i snitt 20 personer per år, och yttrar sig genom att en person som besöker Jerusalem tror sig vara en biblisk person. I de flesta fall uppstår inte sjukdomen under vistelsen i Jerusalem, utan snarare är det så att personer med denna form av störningar väljer att resa dit för att sedan, efter framkomsten, låta sina vanföreställningar få fritt spelrum.

Enligt en artikel i Dagens Nyheter den 14/4 2006 med rubriken: **Montgomerys segrar i öknen räddade Palestinas judar.** Ingressen lyder: "Hade Hitlers ökenarméer i Nordafrika triumferat över britternas "ökenråttor" under andra världskriget så hade den tyske diktatorn färdiga planer för hur judarna i det dåvarande Palestina skulle utrotas." Artikeln fortsätter med: "En speciell SS-

31

styrka hölls i beredskap i det ockuperade Grekland, redo att efter tysk ockupation av Palestina, träda in och mörda de uppskattningsvis 500.000 europeiska judar som flytt dit. Historiker vid Stuttgarts universitet har under tre års tid gått igenom dokument i tyska krigsarkiv, bland annat tidigare oåtkomligt material i ett fram till nyligen förseglat arkiv vid utrikesdepartementet i Berlin. De presenterar nu sitt resultat om det hittills okända händelseförloppet i en bok med titeln *"Tyskar, judar, folkmord: Förintelsen som historia och nutid."* ……

"Nazister och araber fann varandra i denna strävan. Muftin av Jerusalem, Haj Amin al-Husseini, träffade vid flera tillfällen Adolf Eichmann, nazisternas främste organisatör av Förintelsen, och tillsammans lade de upp planerna för judeutrotningen i Palestina. Sommaren 1942 stod SS-trupperna redo i Aten att bege sig till Palestina för att inleda sitt blodiga värv. Men när krigslyckan för den dittills så framgångsrike "ökenräven" och Hitlerfavoriten Erwin Rommel, fältmarskalk och chef för tyska Afrikakåren, avtog och definitivt vände i och med tyskarnas nederlag i det andra av två slag vid egyptiska Ell Alamein hösten 1942, så gick Palestinaplanen definitivt om intet. De segrande britterna under fältmarskalk Bernard Montgomery, de så kallade "ökenråttorna", stoppade i praktiken judeutrotningen som var tänkt att följa på den seger i Nordafrika Hitler räknade med. De tyska historikerna konstaterar att dagens situation i Mellanöstern hade varit en helt annan, geografiskt och politiskt, om nazisternas planer för judarna i Palestina hade genomförts som planerat. De ifrågasätter bland annat om staten Israel över huvud taget hade sett dagens ljus."

I en rapport hem till regeringen i London, skrev Churchill från sitt besök i El Alamein, Egypten, "Jag är säker på att den förra regimen (general Gott) bara skulle ha lett till olycka. Armén var splittrad och förlamad av osäkerhet och besvikelse. Det var tydligen meningen att den inför ett kraftigt anfall skulle retirera mot öst in i Nildeltat. Många sneglade redan efter en plats i lastbilarna och trupperna saknade både en klar stridsplan och en dominerande vilja. Det hela verkade så allvarligt att general Montgomery omedelbart efter sitt besök vid fronten yrkade på att få överta 8:e armén, och den 13:e skedde genom beslut av general Alexander hela befälsomläggningen i Mellersta Östern. Sedan dess har, vad jag själv kunde märka hos trupperna och höra av deras högre officerare, atmosfären fullständigt förändrats. Alexander har gett Montgomery order att förbereda en offensiv och under tiden hålla alla ställningar, och Montgomery har utfärdat stimulerande direktiv till sina officerare. Den största vakenhet och iver råder. Överallt förstärks ställningarna och de splittrade styrkorna reorganiseras och omgrupperas i fasta förband."

Montgomery sa till sina trupper: "Vi har lagt alla planer på reträtt åt sidan. Jag vill inte höra ordet "reträtt" från någon i 8:e armén! Antingen avancerar vi, eller så dör vi!"

Borde inte vi kristna beväpna oss med samma inställning?

Enligt W.C. "har det alltid betraktats som ett allvarligt fel i militära operationer att låta stora truppmassor ligga overksamma på en plats medan avgörandet faller på andra håll." Jämför med situationen inom dagens svenska kristenhet! Allt detta "kyrkgående" har bevisligen lett till stagnation och decimering av kristenheten i stället för tillväxt och erövring av Sverige för Kristus! Det beror givetvis på många olika saker men en sak är jag säker på har sin del i detta, och det är att de flesta kristna i Sverige är passiviserade och invaggade i tron att det räcker med att gå till kyrkan på söndagar för att vara en god kristen och behålla fältet.

I stället måste vi ta till oss Churchills huvudsakliga krigsstrategi, som var: Anfall är bästa försvar! Likadant är det i många sporter och spel. Att hålla på och fega ur hela tiden leder enbart till "ett långsamt farväl". Låt mig berätta ett dråpligt exempel från mitt eget liv om detta innan jag går vidare med vad W.C. sa om detta. Efter att jag genomgått UMU:s lärjungaskola 1983 blev jag heltänd på lovsång och gatuevangelisation. Jag bad Gud om att få några medarbetare till ett lovsångsteam för "utomhusbruk", och de kom från olika håll. Varje solig sommarlördag under andra hälften av 1980-talet, var vi ute på gågatan i Umeå och lovsjöng, vittnade, predikade och dansade.

Det hela växte mer och mer för varje år och till slut blev det en "showdown" mellan Guds rike och mörkets makter på detta område. En lördag när vi precis hade spelat och sjungit färdigt och Umeåborna hade fått se och höra glädjen hos oss, kom det ett karnevalståg in från den ena änden av gågatan, utan att vi visste om det. Och hur såg de ut? Jo, iklädda uppklippta svarta sopsäckar som täckte deras kroppar höll de i CocaCola-burkar fyllda med grus som de skramlade med utan att sjunga, dansa eller skandera något! Vilken kontrast! Det var enda gången man försökte anordna en karneval i Umeå, vilket nästan varje stad i Sverige gjorde i slutet på 1980-talet.

Churchills krigsstrategi byggde på hans förvissning om att Storbritanniens Royal Navy och dess Home Fleet, behärskade haven och därför skulle vinna kriget till slut, även om inga allierade dök upp. Likadant kan vi vara förvissade om att

"Han som är med oss/i oss är större än den som är i världen" 1 Joh 4:4.

Vi har den ende, sanne, levande Guden på vår sida. Den Allsmäktige står bakom oss!

"Om Gud är för oss, vem kan då vara emot oss?" Rom 8:31.

Att Israels Gud, HERREN, är en Mästare på militär och andlig strategi och taktik, borde inte förvåna någon kristen. Det finns det många exempel på i Bibeln, Guds handbok för livet på jorden. Det räcker med exemplet från 2 Sam 5:17-25.

"När filistéerna hörde att David hade blivit smord till kung över Israel, drog de alla upp för att söka efter David. När David hörde detta, gick han ner till borgen. Sedan filistéerna hade kommit fram spred de sig i Refaimdalen. Då frågade David HERREN: "Ska jag dra upp mot filistéerna? Ska du då ge dem i min hand?" HERREN svarade David: "Dra upp! Jag ska ge filistéerna i din hand." Så kom David till Baal-Perasim, och där besegrade David dem. Han sa: "HERREN har brutit ner mina fiender inför mig, så som vatten bryter fram." Därav fick platsen namnet Baal-Perasim. Filistéerna övergav där sina avgudabilder, och David och hans män förde bort dem. Men filistéerna drog upp än en gång och spred sig i Refaimdalen. När David då frågade HERREN, svarade han: "Du ska inte dra dit upp. Gå runt dem bakifrån och kom över dem från det håll där bakaträden står. Så snart du hör ljudet av ett marscherande i bakaträdens toppar, ska du genast rycka fram, ty då har HERREN dragit ut framför dig för att slå filistéernas här." Och David gjorde som HERREN hade befallt honom. Han slog filistéerna och förföljde dem från Geba ända till Gezer."

Vid slaget om Tobruk i Libyen visade det sig än en gång vara avgörande med rätt man på rätt plats i kombination med att anfall är bästa försvar. "Efter de hårda slag vi hade fått motta och under intrycket av att Rommels raid hade vållat förvirring bakom vår front, påpekade general Cunningham för överbefälhavaren att en fortsatt offensiv kanske skulle göra slut på hela vår pansarstyrka och sätta Egyptens säkerhet på spel. Det innebar alltså att vi skulle erkänna vårt nederlag och hela operationens misslyckande. I detta avgörande ögonblick ingrep general Auchinleck personligen. På Cunninghams uppmaning flög han den 23 november (1941) tillsammans med flygmarskalk Tedder till ökenhögkvarteret och gav, med full vetskap om hela faran, general Cunningham order om att "fortsätta offensiven mot fienden". Genom sitt personliga ingripande räddade Auchinleck sålunda slaget och visade sina överlägsna egenskaper som befälhavare i fält. Till mig telegraferade han den 24:e från det framskjutna högkvarteret: Vid ankomsten fann jag Cunningham orolig över läget, beroende på att endast ett fåtal av våra stridsvagnar hade rapporterats i stridbart skick. Under fem dagars ständiga strider och förflyttningar har tydligen vår pansardivision genom haverier och fientliga anfall avsevärt desorganiserats.....Vid sitt anfall i går eftermiddag använde fienden italienska stridsvagnar, vilket jag tolkar som om han hade ont om egna. Jag är övertygad om att han är desperat och driven till det yttersta och följaktligen måste vi fortsätta att pressa honom utan förskoning. Det är möjligt att praktiskt taget hela vårt pansar försätts ur stridbart skick, åtminstone tillfälligt, men det gör inget om vi därmed förstör alla hans stridsvagnar. Därför har jag beslutat ersätta general Cunningham med general Ritchie. Det gör jag mycket motvilligt därför att jag har nödgats konstatera att Cunningham, trots att han hittills har varit så beundransvärd, har börjat tänka defensivt."

En strategi måste vara offensiv och målmedveten. Det är även viktigt med logistiken i krig, så att det alltid finns rätt sorts personal på rätt plats vid den rätta tidpunkten. "En överdriven fruktan för fienden kan hindra oss i våra operationer", sa W.C. Hans tro på seger gav honom trons ro. Vidare insåg han den strategiskt viktiga och avgörande nödvändigheten av att krossa Tysklands rustningsindustri, varmed de bedrev sitt krig. Jämför med Reinhard Bonnkes medarbetare Suzette Hattinghs uttalande om att "**Europas räddning är 20.000 frälsta horor**"!

http://voiceinthecity.org/ Suzette Hattingh

Vi måste alltså inrikta oss på att "dika ut" och torrlägga de värsta syndaproducerande områdena i samhället, typ: könshandel, trafficking, prostitution, knark, gängkriminella, MC-kriminalitet, o.s.v. Det är där de riktigt "fula fiskarna" finns! Och vi ska ju vara människofiskare, eller hur? I detta krig måste vi ha samma insikt som W.C. hade, nämligen "Vi kan inte hoppas på att tävla med fienden i manskapsstyrka, utan måste bygga på en utomordentlig överlägsenhet i stridsvagnar." Likadant är det i vårt andliga krig. Vi kan aldrig hoppas på att vi kristna ska bli lika många eller fler än antalet syndare i världen. Antal och numerär avgör inte striden och kriget. Det som räknas är antalet "stridsvagnar". Varje kristen som står **iklädd hela Guds vapenrustning**, enligt Ef. 6:11, 13-18, är en andlig stridsvagn. Därför denna andliga stridsskola.

Jag markerade ordet "hela" i bibelcitatet ovan av en särskild anledning. I en dröm för många år sedan såg jag nämligen stridsvagnen "**i Kristus**". Den såg ut som en vanlig stridsvagn på utsidan, men när jag klättrade ned i den så var det som att komma in i ett mysigt vardagsrum med blommiga soffor, klar belysning och en härligt fridfull och skön stämning. Däremot stod det en kristen broder kvar på vägen. Han varken kunde eller ville "ta värvning" genom att krypa ned i Kristusstridsvagnen på grund av att han inte hade hela Guds vapenrustning på sig. Han saknade nämligen **beredvillighetens skor som fridens evangelium ger**, Ef 6:15.

"Frankrike besegrades av en otroligt liten, men utmärkt utrustad elit, medan den stora tröga massan av den tyska armén som kom efter, kompletterade erövringen och ockuperade landet." W.C. ville

37

skapa egna sådana "stormtrupper", som han valde att kalla "commandos", men: "Krigsdepartementet reste ett envist motstånd som blev värre ju högre upp i graderna man kom." Tack och lov gav sig W.C. inte på denna punkt, utan det blev som han ville och med goda resultat. Alla mänskliga hierarkier uppvisar samma byråkratiska försvagning, speciellt ju högre upp i graderna man kommer. Sådan är människans fallna natur. Detta har även anfrätt de kristna samfunden och kyrkosystemen i hög grad som kännetecknas av en stor och trög, konservativ byråkrati. Det får vi inte vara omedvetna om.

I krig råder det helt andra omständigheter och villkor än i fredstid. Liksom W.C. "inte tog hänsyn till de juridiska formaliteterna som var förenade med överförandet av brittiska transportfartyg under fransk flagg", i den s.k. Dakarexpeditionen, måste vi **lyda Gud mer än människor** (Apg 5:29) och inte vara paragrafryttare, utan hellre pragmatiker, smidiga och flexibla, öppna för helt nya lösningar, men naturligtvis inte göra något kriminellt.

När tillräckligt beslutsunderlag finns, gäller det att fatta beslut och agera utan dröjsmål! 1990 var snickare Sture Johansson, alias "Ambres", på besök i Umeå. Jag passade efteråt på att fråga en del av dem som hade betalat ett dyrt inträde för att få höra Ambres tala. De sa att han pratade mycket om kärlek, men att rösten var kall och hård. Vem är då denne Ambres som talar genom Sture? För den som läst Bibeln är frågan lätt att besvara. Det är samma demon eller andefurste som verkade genom Faraos trollkarlar i 2 Mosebok 7—12! Aposteln Paulus namnger nämligen dem:

> "Liksom Jannes och Jambres satte sig upp emot Mose, står dessa män emot sanningen. Det är människor med ett fördärvat sinne. Deras tro håller inte provet. Men de kommer inte längre att ha någon framgång. Deras galenskap ska bli uppenbar för alla, liksom fallet blev med Jannes och Jambres" 2 Tim 3:8-9.

Det är inte bara namnet som är näst intill identiskt, utan även Ambres egen beskrivning av sig stämmer med vad GT och NT säger. "Jag var köpman i gamla Egypten för 3 000 år sedan. Jag hette Rameno Charafez och tillhörde ett slutet brödraskap, Tarsusorden, som studerade det fördolda (ockulta). Där fick jag namnet Ambres av min lärare." (Citat från regissören Grönros hemsida om SvT:s film om Sture.) Israels uttåg ur Egypten skedde för 3350 år sedan enligt den bibliska kronologin. Faraos trollkarlar kunde göra en del av de övernaturliga manifestationer som Mose och Aron gjorde, men bara upp till en viss gräns, sedan förmådde de inget mer och tvangs erkänna att det var "**Guds finger**" bakom det Mose och Aron gjorde.

Hur som helst, vi var fyra bönekämpar som bad i rummet ovanför det rum där Ambres skulle manifestera sig genom Sture, i Folkets Hus. Tyvärr var jag som ledde aktionen inte så mogen och bekant med Guds röst på den tiden. Så fastän jag väntade på en signal från Herren att näpsa Ambres när han skulle besätta Sture, agerade jag inte när jag hörde en svag röst som sa: "Upp stridsmän, upp stridsmän". I stället fortsatte vi bara att be i största allmänhet emot spektaklet. Jag har många gånger efteråt tänkt vad som skulle ha hänt om jag hade varit lydig Herrens befallning den gången! Jag hämtade tröst ur W.C:s ord att "En av mina principer är att fel gentemot fienden ska bedömas milt." Ett nederlag på stridsfältet kan vändas till seger genom att växla mål eller att man lär sig av sitt misstag och aldrig gör om det.

Det är av helt avgörande betydelse att vara flexibel, lyhörd och lydig den helige Andes ledning så att man agerar när order därom ges. Rommels ökenstyrkor var utmattade vid ett tillfälle, men de allierades trupper anföll inte då, vilket ledde till att fienden hann återhämta sig och kunde senare vinna slaget om Tobruk. Samma misstag begick Sverige när Ryssland senaste gången invaderade oss, i 1809 års s.k. "finska krig".

Den gången kom ryssarna marscherande över Kvarken på isen i 30 graders kyla, och skulle lätt ha kunnat slagits tillbaka av den 1500 man starka Umeågarnisonen, då ryssarna på grund av den oerhört ansträngande marschen var totalt utmattade när de kom fram till Umeå. Men general J A Cronstedt använde sig inte av detta taktiska övertag, utan lät fienden ostörd vila ut ett par dagar så att de senare kunde inta staden, utan motstånd! Då Cronstedt därmed bevisade sin inkompetens och defaitism, fick han träda tillbaka för andra generaler som lyckades få slut på kriget. Se till att du enbart samarbetar med andliga ledare som är segervissa, modiga, lyhörda och lydiga Guds Andes maningar! Kom ihåg:

"Gud alltid för oss fram i Kristi segertåg och genom oss överallt sprider sin kunskaps väldoft." 2 Kor. 2:14.

Enligt mötesprotokollet mellan Sovjets utrikesminister Molotov och hans tyske kollega Ribbentrop, sa Molotov att han redan hade telegraferat till Stalin att: "Ingen makt på jorden kan ändra det faktum att början till slutet nu (1940) har inträtt för det brittiska imperiet". Ateist som Molotov var förstod han inte att man måste även räkna med den himmelska makten!

Hitlers omättliga hunger på makt och ära gjorde honom blind för verkligheten och dess begränsningar av hans planer. Om han låtit Sovjet ingå i tremaktspakten (Tyskland, Italien, Japan) som då skulle ha blivit en fyrmaktspakt (!) och därmed bildat en militärallians mot Storbritannien som stod ensamt, skulle det brittiska imperiet med stor sannolikhet ha delats upp dem emellan och slutat med Storbritanniens nederlag (mänskligt sett). Men Hitler nöjde sig inte med det utan ville ha hela kakan själv, vilket ledde till hans slutliga nederlag. "Den som gapar efter mycket, tappar ofta hela stycket."
Fienden är stolt, äregirig och övermodig till den milda grad att hans strategiska tänkande fördunklas. Under Slaget om Storbritannien: "hägrade för Göring ett ännu större mål, ingenting mindre än att paralysera och bringa oordning i världens största stad, skrämma regeringen och folket och slutligen tvinga dem att underkasta sig Tysklands vilja. De tyska marin- och generalstaberna hoppades ivrigt att Göring skulle få rätt. Som läget utvecklade sig märkte de

att Royal Air Force inte blev satt ur spelet, samtidigt som deras eget trängande behov att starta "Seelöwe"-äventyret försummades för uppgiften att förstöra London." (Seelöwe, sjölejon, var namnet på Hitlers invasionsplaner av England.) "Den tyska marinstaben antecknade i sin krigsdagbok: 'Det skulle bättre överensstämma med de tidtabellsenliga förberedelserna för operation Seelöwe om Luftwaffe inriktade sig mindre på London och mer på Portsmouth och Dover samt på örlogshamnarna i eller i närheten av operationsområdet.' Men eftersom Hitler vid denna tidpunkt hade övertygats av Göring att det stora anfallet mot London skulle bli avgörande, vågade marinstaben inte vädja till överkommandot. Göring borde absolut ha fortsatt angreppen mot flygfälten, på vilkas organisation och samverkan hela vårt flygvapens stridsstyrka i detta ögonblick berodde. Det var dåraktigt av honom att överge krigets klassiska princip."

Av detta kan vi se att Davids bön om att göra fiendens rådgivares råd till dårskap, fortfarande är en effektiv bön. Jag har själv bett den bönen med framgång och seger vid ett tillfälle.

> "När det blev berättat för David att Ahitofel var med bland dem som hade sammansvurit sig med Absalom, sa David: "HERRE, förvandla Ahitofels råd till dårskap." 2 Sam 15:31.

Skrolla ned på denna hemsida **www.byfaith.co.uk/paulreeshowells.htm** till sista kapitlet som heter "The Battle of Britain" för att läsa om hur den brittiska förebedjarrörelsen under ledning av Rees Howells bad sig igenom den långa Blitzen, slaget om Storbritannien, och hela WWII. Det är en faschinerande och mycket trosstärkande läsning. Beställ gärna den DVD-film som detta förbönscenter och bibelskola har producerat som handlar om dess historia och bönesegrar!

"Tiden hade återigen (1940) ställt sig på vår sida." U.K. (Storbritannien) var militärt nedrustat och låg flera år på efterkälken på alla områden, men hösten och vintern 1940 upphörde tillfälligt de tyska bombmattorna över England så att man fick ett halvt år på sig att rusta upp och börja komma ikapp Tyskland. Tidens dimension har Gud tagit monopol på. Därför måste vi som kristna, andliga soldater, lära oss att invänta den himmelska marschordern och inte rusa iväg före **HERREN vårt segerbanér**. Då slipper vi nederlag och kan göra vinster och segrar i stället.

Redan vår svenske kung Gustav II Adolf, sa: *"Det är bättre att förekomma än att förekommas"*. Det kom han långt på. Ända ned till Wien närmare bestämt, i sin kamp mot den katolska motreformationen. En av T-banestationerna i Wien heter nämligen "Schwedenplatz" till minne av hur långt de svenska kanonkulorna nådde under det 30-åriga kriget. Samma insikt hade W.C. I kampen för Greklands säkerhet mot en tysk invasion påtalade han för den grekiske konseljpresidenten att "om vi uppsköt att handla av fruktan för att provocera tyskarna skulle ett ingripande sedan ovillkorligt komma för sent."

"Ur varje framgång, om än aldrig så fullständig, föds något som kräver ännu hårdare kamp. Det är i det ögonblick som segraren är mest tröttkörd som det största bytet kan utpressas av den besegrade." Denna iakttagelse och analys av W.C. ligger i linje med Jesu ord i Mark 3:27

> "Ingen kan gå in i den starkes hus och plundra honom på det han äger utan att först ha bundit den starke. Sedan kan han plundra hans hus."

Jesus vann en evig seger på Korset. Där band Han **den starke** till händer och fötter. Han har bara sin otejpade mun kvar att använda. Under tiden ska vi plundra hans hus på allt vi kan, orkar och hinner!

Låt oss inte göra om de japanska sjöofficerarnas ständiga misstag under WWII. Vid striden om Nya Guinea och Guadalcanal: "sände den japanske kommendanten ett starkt kryssar- och jagarförband till Guadalcanal. Med utnyttjande av ett häftigt regn överrumplade japanerna i gryningen den 9 augusti 1942, den allierade sjöstyrkan som bevakade inloppet och tillintetgjorde den praktiskt taget. Inom 40 minuter hade de sänkt tre tunga amerikanska kryssare och den australiska kryssaren Canberra, men själv endast lidit smärre skador. Om den japanske amiralen hade fullföljt denna sensationella framgång kunde han ha fortsatt genom sundet österut och förstört de amerikanska transportfartygen som fortfarande höll på att lossa trupper och materiel. Men liksom andra japanska chefer i detta krig, både före och efter honom, lät han tillfället gå sig ur händerna och drog sig tillbaka."

Läser man lite väckelsehistoria märker man samma, ständigt återkommande mönster, att nöja sig med tillfälliga segrar i stället för att pressa på vidare. Men inför den kommande slutväckelsen, enligt Jesu ord i Matt 13:39, "**Skördetiden är tidsålderns slut**", kommer vi inte att nöja oss med delsegrar, utan vi kommer under den helige Andes ledning att använda varje delseger som språngbräda mot ännu större segrar! Annars kommer inte den stora slutskörden att kunna bli bärgad!

I detta sammanhang är det viktigt att förstå hur centralt det är med samarbete horisontellt, respektive lydnad vertikalt. Vid befrielsen av Italien 1943 hade: "september månad varit en verkligt givande månad. Samarbetet mellan de engelsk-amerikanska försvarsgrenarna till lands, till sjöss och i luften, hade slagit nya rekord. Chefen för 10:e tyska armén i Italien har sedermera yttrat att tyskarna avundades oss det harmoniska samarbetet mellan armé, flyg och flotta, under en högsta gemensam ledning." Det samma gäller för oss i det andliga. Vi har en enda gemensam högsta ledning, eller hur? Den ledningen är ofelbar till och med, till skillnad mot WWII:s generaler! Vad den helige Ande manar oss till var och en ska vi lyda. Oavsett om det är första gången någon gör det eller inte. Men lika viktig med lydnaden är det med samarbetet. Vi måste samarbeta ute på skördefälten mellan våra olika "försvarsgrenar". Evangelister, profeter, lärare, apostlar, herdar, diakoner, äldste och vanliga "gräsrötter" måste sluta strida inbördes för att i stället dra åt samma håll och ha samma mål och vision: Skörden!

Vid sänkningen av världens då största slagskepp, "Bismarck", var det samarbetet mellan flera olika vapenslag som utgjorde det vinnande konceptet: kryssare, flyg, fartygsburet flyg, slagskepp och jagare. Den avgörande träffen efter tre dygns intensiva strider, var den torped som ett Swordfish-plan mest på måfå avlossade mot Bismarck och som "råkade" träffa på det enda ställe där hon var obepansrad: rodret, vilket ledde till att skeppet bara kunde köra i cirkel ända tills både ammunition och bränsle tog slut.

Likaså måste förebedjare, profeter, evangelister, apostlar, herdar, lärare, diakoner, äldste och alla "gräsrötter" samarbeta över alla gränser i gemensamma aktioner för att kunna bryta ned fiendens starkaste fästen. Av den anledningen har HERREN bland annat gett Vello Vaim visionen om "Manteln Kristus". Den handlar i korthet om att alla kristna på en ort utgör ett samlat andligt bärarlag där alla gåvor och tjänster samarbetar under Herrens suveräna ledning. Läs mer om det i hans bok "Profetisk bön som skapar ny framtid": **www.propheticforum.com**

Vid "Slaget om Atlanten" låg lösningen på fiendens nattliga "vargflockstaktik" med sina U-båtar, framför allt i utvecklingen av radar. Radarens funktion kan andligen sett jämföras med den profetiska underrättelsetjänsten. D.v.s. att i förväg ha vetskap om fiendens planer, förehavanden och var han befinner sig. Läs om hur detta fungerade redan i det GT:

> "Kungen i Aram låg i krig med Israel. När han rådgjorde med sina tjänare och sa: "På den och den platsen ska jag slå läger", sände gudsmannen bud till Israels kung och lät säga: "Se till att du inte drar förbi den platsen, för araméerna ligger där." Då sände Israels kung folk till den plats som gudsmannen hade angivit för honom och varnat honom för. Och han aktade sig noga där. Detta hände inte bara en eller två gånger. Kungen i Aram blev mycket oroad över detta.

Han kallade till sig sina tjänare och sa till dem: "Kan ni inte säga mig vem av de våra det är som håller med Israels kung?" Då svarade en av hans tjänare: "Så är det inte, min herre konung. Men Elisa, profeten i Israel, meddelar Israels kung varje ord du talar i din sovkammare." 2 Kon 6:8-12.

Ett konkret exempel på hur viktig den profetiska underrättelsetjänsten är, var när jag i en dröm fick uppenbarelse om att vid ett angivet datum skulle Satan mörda en ung kvinna i Umeå. Jag gick emot detta i bön under den månad som var kvar innan det aktuella datumet kom. Döm om min förvåning när jag hörde på nyheterna dagen efter det aktuella datumet, att en satanist som hade varit på väg till Umeå, ändrat sina planer och i stället mördat en ung kvinna i Sundsvall!

För att vinna "Slaget om Atlanten" var de allierade tvungna att locka upp U-båtarna till ytan så att de blev måltavlor för flyget. Likaså måste vi agera kraftfullt när demonisk aktivitet yttrar sig i eller genom en människa. Då har "u-båten" dykt upp och avslöjat sig, till skillnad mot när den är dold i (folk)havets djup, d.v.s. i individens inre. Det sätt på vilket vi kan locka upp "u-båtarna" till ytan är att vara så helgade som möjligt. Då provoceras demonerna fram av vår renhet som de inte står ut med! "Andens magnetism" åstadkommer detta.

W.C. sa: "Alla stora segrar i historien har vunnits med energi och beslutsamhet, trots ogynnsamma odds och med den smalaste marginal." Det stämmer väl med vad Bibeln säger:

"den rättfärdige blir med knapp nöd frälst", 1 Petr 4:18.

Därför ska vi inte ge upp när det ser ut som att vi kommer att förlora. Då är segern som närmast många gånger. Gud vill nämligen inte dela äran för segern med oss. Därför verkan Han på så sätt att den kristne vinner med knapp nöd över fienden. Allt för att vi själva inte ska ta åt oss äran.

Ett exempel på W.C:s klippfasta tro på seger, uttryckt i en mästerlig retorisk form, är hans telegram till Jugoslaviens konseljpresident i mars 1941.

"Ers excellens!

Hitlers och Mussolinis slutliga nederlag är oundvikligt. Den kan en försiktig och förutseende människa inte betvivla med hänsyn till de brittiska och amerikanska demokratiernas öppet deklarerade föresats. De skändliga hunnerna, av vilka de flesta redan är upptagna av att förtrycka, tyrannisera och utplundra österrikare, tjecker, polacker och många andra folk, är inte fler än 65 miljoner. Befolkningen i brittiska imperiet och Förenta staterna uppgår till nära 200 miljoner enbart i hemländerna och i de brittiska dominierna. Vi utövar ett obestritt herravälde på haven och kommer med amerikansk hjälp snart att ha övermakt i luften. Det brittiska imperiet och Förenta staterna har större rikedomar och tekniska resurser och tillverkar mer stål än hela den övriga världen tillsamman och vi är beslutna att inte låta några förbrytar-diktatorer, av vilka en redan har fått en obotlig punktering, trampa ner friheten eller vända utvecklingen i världen. Vi vet att alla sanna serbers, kroaters och sloveners hjärta klappar för sitt lands frihet, självständighet och oberoende och att dessa folk liksom den engelsktalande världen riktar blicken framåt. Om Jugoslavien i detta ögonblick underkastar sig Rumäniens öde eller begår Bulgariens ogärning och blir medbrottsling i mordförsöket på Grekland, är det räddningslöst förlorat. Det kan inte undslippa, endast uppskjuta krigets prövningar, och dess tappra soldater får då kämpa ensamma efter att ha blivit omringade och avskurna från alla möjligheter till undsättning. Å andra sidan har det inte i krigshistorien förekommit en bättre chans än den som nu ligger öppen för den jugoslaviska armén; det gäller bara att gripa den i tid. Om Jugoslavien och Turkiet ställer sig på Greklands sida och får all den hjälp det brittiska imperiet kan ge, kan den tyska hemsökelsen avvärjas och slutsegern bli lika säker och avgörande som den var förra gången. Jag hoppas att ers excellens måtte fatta det upphöjda beslut som världshändelserna kräver."

Nazitysklands utrikesminister, von Ribbentrop, sa under Nürnbergrättegångarna efter kriget: "Eftersom det var omöjligt att sluta fred med England, försökte jag förmå Japan att anfalla Singapore." Vi kristna måste göra som Storbritannien gjorde: vägra sluta fred med fienden, inte ens separatfred på något område! Endast så kan fienden besegras helt och hållet. Stora delar av svensk kristenhet har slutit "separatfred" med Fienden. De tror inte att Jesus är enda vägen till Gud, att Bibeln är Guds ord, inte heller på dess klara ståndpunkter om homosex, abort, skapelse kontra evolution, tidens tecken, bibelns profetior, andevärldens och djävulens existens, himmel och helvete, o.s.v. I sin människofruktan har det valt att bli världens vänner, men har i och med det blivit Guds ovänner.

> "Ni trolösa, vet ni inte att vänskap med världen är fiendskap mot Gud? Den som vill vara världens vän blir Guds fiende. Eller menar ni att det är tomma ord när Skriften säger: "Avundsjukt längtar den Ande som han har låtit bo i oss?" Jakobs brev 4:4-5.

Nederlag kan med facit i hand ha varit nödvändiga offer för att förhindra ännu mycket värre nederlag. "Slaget på Kreta är ett exempel på det avgörande resultat som kan uppnås genom en hård och envis strid, oavsett försöken att nå strategiska positioner. Vi visste inte hur många fallskärmsdivisioner tyskarna hade. Men på basis av lärdomarna från nederlaget på Kreta vidtog vi försvarsförberedelser hemma mot fyra eller fem sådana djärva flygburna divisioner och vi och amerikanarna utvecklade sedan själva idén i ännu större skala. Men i själva verket var 7:e flygburna divisionen den enda som Göring hade. Denna division förstördes i slaget på Kreta. Närmare 5000 av hans tappraste dödades och hela organisationen revs ohjälpligt upp. Den återkom sedan aldrig i någon effektiv form. Genom att tyskarna förlorade denna högklassiga styrka kunde deras flyg- och fallskärmsvapen inte spela någon roll i de närmast förestående händelserna i Mellersta östern. Göring vann endast en Pyrrhusseger på Kreta.

Hade han inte uttömt sina krafter där, kanske de kunde ha skänkt honom Cypern, Irak, Syrien och rent av Persien."

Så försök med andra ord att se på dina nederlag från ett liknande perspektiv. Gud var kanske tvungen att låta dig lida nederlag för att frälsa dig från ännu större och värre nederlag! Samtidigt fick han dig att se dina fel och brister som han vill hjälpa dig att övervinna så att du kan bli använd med framgång och seger i nästa strid!

Den brittiska underrättelsetjänsten studerade noga de tyska truppförflyttningarna. W.C. kunde med hjälp av dem redan i mars 1941 sluta sig till att Tyskland skulle anfalla Sovjet under maj månad, vilket också stämde med Hitlers ursprungliga plan, "Barbarossa", men som han var tvungen att skjuta upp en månad p.g.a. den oblodiga borgerliga revolutionen i Jugoslavien som satte käppar i hjulet för Tysklands fälttåg. Dessa fiendens truppförflyttningar och andra förehavanden var tecken i tiden. Likaså måste vi ha en profetisk underrättelsetjänst som noga, dagligen studerar fiendens gärningar och andra tidens tecken för att jämföra dem med Bibelns "facit". Av den anledningen hade Kjell Sjöberg planer på "Institutet för profetisk samhällsanalys". (Det hann Kjell tyvärr inte starta, men jag hoppas kunna göra det med Guds hjälp. Jag är tacksam för dina förböner angående detta!)

INSTITUTET
FÖR PROFETISK
SAMHÄLLS-
ANALYS

VÄRLDSHÄNDELSER I LJUSET AV BIBELNS PROFETIOR

Profetisk samhällsanalys går i korthet ut på att jämföra tidens tecken med Bibelns profetior. Profetisk samhällsanalys är andlig orientering där Bibelns profetior motsvarar kartan för orienteraren och tidens tecken motsvarar kompassen. Liksom kartan är statisk och given så är också det profetiska ordet klippfast och evigt. Liksom kompassen är rörlig så är också tidens tecken flyttbara i tid och rum. Du kan läsa flera bibelstudier och artiklar på mina hemsidor: **www.olofamkoff.se** och **www.123minsida.se/olofamkoff** som innehåller profetisk samhällsanalys.

"Generaler har den svagheten att de hellre börjar ett stort slag i ett ögonblick de själva väljer och då bordet är färdigdukat, än tröttar ut fienden med ständiga angrepp som inte faller i ögonen" sa W.C. Likadant är det med våra samfunds "generaler". Många av dem vill hellre synas i och satsa på stora spektakulära "korståg", konferenser och annat, än att engagera varje gräsrot i ett vardagligt andligt gerillakrig, ett outtröttligt utnötningskrig, delvis i det fördolda.

USA:s president Roosevelt var ensam i sin regering om att stödja UK:s kamp i Mellanöstern som hade den inställningen att man borde slå fienden var man än träffade på honom. Självklart ska vi ha samma inställning att bekriga ondskan och demonisk aktivitet var den än finns eller dyker upp.

Naturligtvis visste Gud om det kommande japanska anfallet mot Pearl Harbor i december 1941. (Gud visste att det var det minst onda av alla onda alternativ för att så snabbt som möjligt få slut på kriget, genom att låta USA bli indraget så att man kunde aktivt ställa sig på UK:s sida. Antagligen skulle UK inte ensamt kunnat hålla stånd i längden, vilket skulle gett Hitler segern! Vilket Europa och värld hade vi då levt i nu?) Därför manade han W.C. och president Roosevelt i deras hjärtan redan i slutet på juli 1941 att för första gången träffas personligen efter mer än två års nästan daglig och förtrolig korrespondens enbart. Allt för att befästa deras förtroende för varandra och viktiga samarbete inför de kommande åren och händelserna. Även vi måste lära oss att Gud prioriterar personliga kontakter. Guds Ande kan vara verksam på ett helt annat sätt då man möts personligen, än via telefon, mail, webb, Zoom eller brevledes. I det personliga mötet kan man lära känna varandra på djupet, **efter Anden**, vilket är mycket viktigt.

W.C. fick på resan över Atlanten för sitt första personliga möte med Roosevelt, tillfälle att läsa C.S. Foresters bok "Captain Hornblower", som han tyckte var "en underbar läsning". Jag håller med om det efter att ha sett BBC:s fantastiska dramatisering av denna bok.

Winston Churchill hade studerat Englands långa krigshistoria och själv varit en aktiv officer i flera krig, innan WWII. Detta gjorde honom som klippt och skuren för att av Gud insättas som premiärminister och försvarsminister och leda de allierades krig till en fullständig seger! Själv sa han när han blivit utsedd till premiärminister: "Det kändes som om jag gick med Ödet vid min sida och att hela mitt tidigare liv bara varit en förberedelse för denna stund och denna prövning." Likaså måste vi lära oss av all den historia som GT innehåller, den långa kyrkohistorien och väckelserörelsernas kriser och segrar i kombination med våra egna erfarenheter av andlig krigföring, evangelisation, mission och själavård.

"Ty allt som tidigare har skrivits är skrivet till vår undervisning, för att vi genom den uthållighet och tröst som Skrifterna ger, ska bevara vårt hopp." Rom 15:4.

W.C. tänkte, räknade och resonerade alltid i globala termer och skala. Till exempel var hans första reaktion när han fått veta att Japan hade anfallit Pearl Harbor, en glädje över att ha fått USA som aktiv allierad i kriget. Han skriver: "Segern var med andra ord vår till slut! Hitlers öde var beseglat. Mussolinis öde var beseglat. Och vad japanerna beträffar ska de malas sönder till stoft. Till slut kämpade fyra femtedelar av världen på vår sida. Slutsegern var säker." Samma trosvissa segervisshet har vi alla skäl i världen att ha. Vi vet ju att vår Far och Jesus som vår "ÖB" är allsmäktiga och har allting i sin hand, eller hur?

I krig är självcensur och diskretion absolut nödvändig. Att offentligt uttala eller ens antyda splittring i de egna leden, är nästintill landsförräderi!

"Hur kan någon av er som ligger i tvist med en annan våga gå till rätta med honom inför de orättfärdiga och inte inför de heliga? Vet ni inte att de heliga ska döma världen? Om nu världen ska dömas av er, duger ni då inte till att döma i de minsta mål? Vet ni inte att vi ska döma änglar? Ska ni då inte kunna döma i vardagliga ting?" 1 Kor. 6:1-3.

De allierades fiender hade agenter som i förväg hade studerat terrängen, infiltrerat landet, gjort upp noggranna planer och lagt upp förråd i fredstid för att använda i skarpa lägen. I Sverige har fienden haft lång tid på sig att göra just detta, i andligt måtto. För kom ihåg:

"Vi strider inte mot kött och blod *(människor)* utan mot furstar och väldigheter och världshärskare här i mörkret, mot ondskans andemakter i himlarna." Ef. 6:12.

"Trots en armé på 100.000 man som skulle försvara Singapore-ön med dess flottbas och fästning, räckte numerären inte till, då den innan det japanska anfallet kom, var skingrad och inte längre en armé. Inte heller hade man i fredstid byggt en försvarsgördel av fristående fort till försvar av fästningen mot landsidan. Allt var inriktat på sjösidan!" Efter tillströmning av flyktingar fanns nära 1 miljon civila i Singapore. Efter hårda strider utanför Singapore och sedan japanerna spärrat vattentillförseln, kapitulerade Singapore den 15 februari 1942. Dess fall innebar slutet på UK:s välde i Östasien och har betecknats som Storbritanniens svåraste militära katastrof i modern tid. Senare forskning har riktat hård kritik mot general Percivals brist på initiativ till att bygga ut försvaret. "Några veckors arbeten med att anlägga starka befästningar och minfält och spärrar hade varit tillräckliga för att hindra fiendens attacker."

Jämför med dagens situation bland oss kristna. Vi är många, men de flesta kristna är inte sysselsatta med andliga försvarsförberedelser utan hänger sig mest åt att slå ihjäl tiden framför TV:n, datorn eller med diverse hobbies! Det skulle räcka med en kortare bibelskola för många av dem för att få dessa "soldatmassor" att bli stridsdugliga, fruktbärande och nyttiga för Guds rike!

Under "U-båtarnas eldorado" 1942 då tyska u-båtar sänkte stora mängder tonnage varje dag, använde sig fienden av taktiken att ligga overksamma på botten dagtid, för att nattetid gå upp i ytläge och angripa med både torpeder och kanoner. Därför vidtog USA och UK den mottaktiken att nattetid företa anfall och flyghot för att hejda deras nattliga företag och tvinga dem att visa sig dagtid. Denna taktiska krigföring fick mig att tänka på den av Gud initierade 24-7 förbönsrörelsen. Man ber alltså i 24 timmar dygnet runt, 7 dagar i veckan under kortare eller längre perioder. Det är upplagt som en bönestafett. Här är länken till deras hemsida:

https://24-7prayer.se

För att förstå hur viktigt det var med skyddet mot tyska u-båtar, citerar jag från Nationalencyklopedin, om konvojsystemet.

"Internationellt mest kända och betydelsefulla är de konvojer som de allierade framförde över Atlanten under de båda världskrigen som skydd mot tyska ubåtar. Under första världskriget pågick den allierade sjöfarten länge enskilt och med stora förluster. Först när USA kom med i kriget kunde tillräckliga resurser för konvojering skapas. I maj 1917 inleddes verksamheten. Konvojerna bestod i allmänhet av 15-25 fartyg, skyddade av kryssare, jagare och trålare och var centralt ledda från det brittiska amiralitetet, som bl.a. bestämde rutter, avgångstider och konvojsammansättning. Under Andra världskriget blev slaget om Atlanten en gigantisk kraftmätning, där konvojeringens effektivitet, nybyggnad och sänkning av handelsfartyg, eskortfartyg och ubåtar var de avgörande parametrarna. Genom de tyska erövringarna (Frankrike, Holland Belgien) våren 1940 kunde de nu tekniskt mer avancerade tyska ubåtarna operera mer framskjutet och effektivt än under första världskriget. För att hålla förlusterna nere använde sig de allierade tidigt av konvojer och i samband med dessa utkämpades "konvojslag", som kunde pågå i flera dagar. Örlogseskorten av en atlantkonvoj bestod dels av ett närskydd, grupperat runt konvojen, dels ofta av ett fjärrskydd. Det senare utgjordes av en eller flera sjöstyrkor, lämpligt grupperade för att avvänja anfall från ytstridskrafter. Närskyddet bestod av ubåtsjaktfartyg, eskorthangarfartyg, luftvärnsfartyg, minsvepare, bogserbåtar m.m. I fjärrskyddet kunde ingå slagskepp, hangarfartyg, kryssare och jagare. Som fjärrskydd utnyttjades även landbaserat flyg. Såväl i fråga om gruppering och sammansättning som i fråga om dirigering användes operationsanalytiska metoder för att optimera verksamheten för första gången i större sammanhang. Under 1943 ansågs de allierade ha vunnit slaget om Atlanten. Detta år passerade 214 konvojer om sammanlagt 10 361 fartyg Atlanten. De största konvojerna innehöll uppemot 90 handelsfartyg. En viktig typ av konvojer utgjorde trupptransporterna. Sammanlagt transporterades i brittiska konvojer under tiden september 1939 -- december 1944 drygt 10 miljoner soldater. Sammanlagt, i och utanför konvojer, förlorades under kriget 5 150 allierade och neutrala fartyg om inalles upp mot 22 miljoner bruttoton; 68 % av förlusterna orsakades av ubåtar."

"Mars månad 1942 slutade för oss med det lysande och hjältemodiga företaget mot Saint- Nazaire. Detta var den enda plats på Atlantkusten där slagskeppet Tirpitz kunde dockas för reparation om hon blev skadad. Om dockan, som var en av de största i världen, kunde förstöras skulle en utbrytning av Tirpitz från Trondheim till Atlanten bli betydligt riskablare och kanske inte anses värd försöket. Våra commandostyrkor var stridslystna och här lockade en ärofull bedrift som samtidigt hade stor strategisk betydelse. Under befäl av kommendörkapten Ryder avgick den 26 mars en expedition av jagare och lätta kustfartyg medförande 250 commandotrupper. Den hade att färdas 400 sjömil som fienden kontinuerligt avpatrullerade och därefter nära 9 kilometer uppåt Loiremynningen. Uppgiften var att förstöra de stora slussportarna. 'Campbeltown', en av de 50 gamla amerikanska jagarna, rände med tre ton sprängämnen ombord mot slussportarna under en fruktansvärd fientlig näreld. Där övergavs den sedan tändrören till sprängämneslasten hade apterats med tidsinställning. Kapten Beattie hade fört fram jagaren dit. Major Copeland hoppade tillsammans med en landstigningsstyrka i land för att förstöra slussmaskineriet. Tyskarna mötte dem med överväldigande styrka och en ursinnig strid började. Alla utom fem av landstigningsstyrkan dödades eller tillfångatogs. Men den stora explosionen lät vänta på sig. <u>Något hade hakat upp sig med tändningen.</u> Först dagen därpå, när ett stort sällskap av tyska officerare och ingenjörer höll på att undersöka vraket av 'Campbeltown' som satt fast i slussportarna, flög båten med en fruktansvärd smäll i luften, dödade hundratals tyskar och förstörde den stora slussen för hela den återstående delen av kriget."

Jag tog med denna händelse därför att jag undrar om det inte var en Guds ängel som såg till att "något hakade upp sig med tändningen", för att istället detonera då det gjorde maximal verkan. Jämför med denna bibliska berättelse:

"HERRENS ängel gick ut och slog 185.000 i assyriernas läger, och när man steg upp tidigt följande morgon, se, då låg där fullt av döda kroppar." Jesaja 37:36.

Strategiska överraskningar var både Japans och Tysklands främsta militära tillvägagångssätt under WWII. <u>Profetisk framförhållning</u> är enda botemedlet mot fiendens tänkta överraskningar. Ett gott exempel på det var W.C:s förslag att ockupera Madagaskar innan Japan gjorde det, med tanke på denna ös stora strategiska värde för dominans av hela Indiska oceanen och Arabiska havet. Efter kriget har det bekräftats att Japan hade precis samma tanke och plan som

Churchill på att ockupera Madagaskar. Inför denna operation sa W.C.: "Vi får inte dra oss för att ta risker, helst i farliga tider. Om vi bara ska göra sådant som är säkert, får vi sannerligen bereda oss på ett långt krig." Är du beväpnad med samma mod och djärvhet? Jämför Davids hjältar i 2 Sam 23:8ff!

Madagaskaroperationen utgjorde samtidigt en nödvändig generalrepetition i stor skala av den svåraste av alla militära krigföringsmetoder, amfibiekrigföring, inför den kommande Operation Overlord, dagen D!

"Övning ger färdighet". Endast genom att utöva tro och andlig krigföring kan man få egna upplevelser och erfarenheter av det. Även om det kan bli dyrköpta taktiska lärdomar med misstag, fel och nederlag, så har man i alla fall byggt upp en egen kunskapsbank att ösa ur i framtiden och använda sig framgångsrikt av i andra strider. Så var fallet t.ex. med striderna i Korallhavet, vars "taktiska lärdomar tillämpades med enastående framgång i slaget vid Midway, (Pearl Harbors utpost). Detta slag utgjorde vändpunkten i Stillahavskriget".

Med andra ord är krigserfarenheter ovärderliga. Oavsett om de är negativa eller positiva! Har man lidit nederlag så vet man i alla fall hur man INTE ska göra. Ofta måste man göra fel först för att kunna göra rätt senare. Det gäller på många, kanske alla områden i livet. Man kan faktiskt likna det vid att lära sig gå. Det gör man inte första gången man reser sig upp. Man faller ett antal gånger innan man har lärt sig att hitta den rätta balansen, synkronisera kroppsrörelserna och använda styrkan i benen på rätt sätt. Så misströsta inte, du som har lidigt andliga nederlag! Res dig upp igen och ta Gud i hågen!

W.C. ger ett bra exempel på hur nederlag kan (an)vändas till seger i det långa loppet, när han redogör för anfallet mot den tyskockuperade franska kuststaden Dieppe 1942. "Trots all tapperhet och alla osjälviska insatser från såväl kanadensarnas som de brittiska commandotruppernas och stormbåtarnas och

55

eskortfartygens sida och trots de lysande prestationer som förekom, blev resultatet en besvikelse och våra offer mycket stora. Vid en återblick förefaller förlusterna under denna minnesvärda aktion vara oproportionerligt stora i förhållande till resultatet. Men episoden bör inte mätas enbart med en sådan måttstock. Dieppe hävdar sin plats i krigets historia och de avskräckande förlustsiffrorna dömer den inte som misslyckad. Den blev ett dyrbart men inte resultatlöst offensivt spaningsföretag och en guldgruva av taktiska erfarenheter som spred ljus över många osäkra punkter i vår uppfattning. Vi fick lära oss att vi i god tid måste förse oss med nya typer av farkoster och hjälpmedel för senare användning. Vi fick bekräftelse på värdet av ett kraftigt stöd från tungt fartygsartilleri vid landstigning under strid och både flottans och flygets beskjutningsteknik förbättrades. Framför allt visade det sig att individuell skicklighet och tapperhet inte kunde göra sig gällande utan grundlig organisation och samövning och att framgångens hemlighet hette team-work. Detta förutsatte välutbildade organiserade amfibieförband. Vi lade alla dessa lärdomar på hjärtat."

Detta nederlag var priset de allierade var tvungna att betala för att kunna lyckas med Operation Overlord, som blev början på slutet av kriget, genom att befria hela Europa från nazitysklands ockupation.

En annan avgörande faktor för segern vid Midway var att den amerikanska underrättelsetjänsten hade i god tid i förväg lyckats avkoda de japanska krigsplanerna så att man trots sina underlägsna resurser, kunde två gånger koncentrera allt vad man förfogade över till de rätta platserna vid de rätta ögonblicken. Detta visar hur oändligt viktigt det är med sekretess och integritet och hur mycket skada en läcka kan orsaka.

Olika radaruppfinningar hjälpte Royal Air Force att minska riskerna för upptäckt. Vi måste använda oss av de övernaturliga hemliga språk som Guds Ande ger oss för att kunna kommunicera ostört. I länder med stark förföljelse av den kristna församlingen kommunicerar man med varandra via tungotal för att meddela var-, hur-, och när man ska träffas. Alla får samma information i Anden. Det gäller bara för den troende att hämta upp den med hjälp av bön i Ande, tungotal. Det är de förståndiga jungfrurnas sätt att kommunicera och övervinna. De har ju Andens olja i sina lampor och behållare, till skillnad från de oförståndiga.

Se mitt bibelstudium: "Vilka är de 10 jungfrurna?"
www.olofamkoff.se/bibelstudier_html/tio_jungfrur.html

I USA var den allmänna opinionens kraftigt rådande mening att det var Japan som var huvudfienden. Men tack och lov ledde Gud både president Roosevelts och general Marshalls hjärtan som vattenbäckar så att de upprätthöll sin militära och politiska integritet, vilket gjorde att de i stället insåg att det var Tyskland som var den störste och farligaste fienden. Vi måste också medvetet värna om vår andliga integritet och inte vara trendkänsliga populister.

Den engelska pressen var oförsiktig nog att publicera spekulationer och rykten om kommande militära planer och aktioner, vilket fienden också kunde läsa och förbereda sig för. Av egna erfarenheter i Sverige vet vi att massmedia hårdvinklar sina intervjuer med kristna människor för sina egna antikristliga syften. Var därför mycket restriktiv och sparsam med kontakter med press, radio och TV! Låt dig inte intervjuas av sekulär massmedia utan att först ha frågat God, för de har sina egna dolda agendor. Jag minns t.ex. Robert Aschberg i sitt program i TV3, där han lyckades framställa Linda Bergling som en helandeförkunnare med förakt för handikappade personer, samtidigt som han slet sönder hennes bok *"Jesus helar och upprättar"* och kastade den ifrån sig, mitt framför hennes ögon! Hon blev så överraskad att hon inte sa ett enda ord i protest eller i försvar!

Ännu värre gick det för den afghanske kurden Massoud, "lejonet från Pansjir". I det inbördeskrig som följde på Sovjets reträtt ur Afghanistan, tog snart talibanerna kontroll över stora delar av landet. Det enda motstånd mot den nya talibanregimen inte fick bukt med, utgjordes av Massouds "Norra alliansen". År 2001 hävdade Massoud i ett tal i EU-parlamentet att talibanerna hade nära band till al-Qaida, och att ett stort terrordåd var nära förestående. Den 9 september 2001 mördades han i ett självmordsattentat av det tv-team som hade lyckats få honom att gå med på en "intervju"! Två dagar senare inträffade terrordåden i New York!

Gud använder inte i 1:a hand människor inom massmedia som kommunikatörer av evangelium. Det är vår uppgift! Därför finns det redan kristna kanaler för massmedial spridning av våra vittnesbörd. Gud använder alltid Kristi kropp i 1:a hand för att tillgodose sina barns behov. Det är alltid bland dina trossyskon du ska söka efter hjälp, vad det än gäller, när du har ett behov.

> "Från honom får hela kroppen sin tillväxt. Så byggs kroppen upp i kärlek, och den fogas samman och hålls ihop genom det stöd som varje led ger, alltefter den kraft som är utmätt åt varje särskild del." Ef 4:16.

I engelska översättningar används ordet *"supply"*, förråd, där det i svenska översättningar står bistånd, stöd. Se på dina kristna syskon som "andliga förråd" ur vilka Gud tar fram och ger till dem som behöver något. Det motiverar dig även att älska dina syskon, för du vet aldrig i förväg vem av dem Gud tänker använda för att besvara dina böner eller möta dina behov!

W.C. var en ypperlig kommunikatör, retoriker och inspiratör. I följande korta telegram till krigskabinetts-medlemmen Casey lyckas han kort och koncist spika fast vad det är som gäller och som ger seger. "Du måste veta hur mycket jag uppskattar din insats, inte bara i fråga om läget i dess helhet utan även i fråga om befälsskiftet som jag länge har önskat och tillrått. Medan Auchinleck kämpar vid fronten bör du genomdriva att all bakomvarande personal stridsmobiliseras. Var och en som har uniform måste slåss precis på samma sätt som han skulle göra om Sussex eller Kent invaderades. Patruller för stridsvagnsjakt försedda med klibbgranater och handgranater bör bildas, varenda stödjepunkt eller befäst hus måste försvaras till det yttersta, varenda skyttegrav och linje hållas som om den vore den sista. Det är den andan du måste ingjuta hos dem. Ingen evakuering, ingen tanke på att sätta sig själv i säkerhet. Egypten måste hållas till varje pris!"

För att uppnå vissa viktiga syften kan Gud ibland vara tvungen att använda sig av okonventionella medel och metoder. Svaghet och sjukdomstillstånd är faktiskt ibland sådana Guds verktyg. Se t.ex. Joh 9:3 och 11:1-4. (Det vet jag av egen erfarenhet också. Då vår son Leon var ett år och plötsligt fick 41 grader i feber, såg jag hans ögon rulla upp och försvinna. Då trodde jag att han dog där han låg i mina armar! Det förlöste en helt ny dimension av kärlek, omsorg och empati hos mig till honom, vilket jag saknade, men som jag under gråt och tårar dagen innan hade bett Gud om att få!) I de allierades erövring av Nordafrika var tydligen den franske amiralen Darlan Guds verktyg. För att han skulle "råka" befinna sig på rätt plats vid rätt tillfälle var Gud tvungen att låta hans son insjukna i barnförlamning. Så här skriver Churchill: "En egendomlig, men som det visade sig till slut mycket lycklig komplikation tog nu vår uppmärksamhet i anspråk. Amiral Darlan återvände till Frankrike efter en inspektionsresa i Nordafrika. Hans son insjuknade i barnförlamning och lades in på sjukhus i Alger. Tillståndet var oroande varför amiralen flög tillbaka. Detta var den 5 november 1942 och han råkade alltså befinna sig i Alger omedelbart före den engelsk-amerikanska landstigningen. Det var ett egendomligt och skickelsedigert sammanträffande. Mr Murphy hoppades att amiralen skulle resa igen innan anfallet började. Men Darlan som var bekymrad för sin son dröjde ytterligare en dag. Den lokale kommendanten general Juin var djupt engagerad och fullt lojal mot de allierades landstigningsoperation "Torch", och trodde sig ha situationen i Alger i sina händer. Men nu hade Darlans närvaro helt kullstörtat hans auktoritet. Han kunde lita på några hundra unga franska patrioter men visste alltför väl att makten över de militära och civila myndigheterna hade glidit honom ur händerna och övergått till Vichy-ministern och amiralen Darlan. Trots sin ökända brittiskfientlighet, ledde Rommels nederlag i Nordafrika, till att

Darlan inställning ändrades. Han visste att om han gick över till de allierade skulle han göras personligen ansvarig för tyskarnas oundvikliga invasion av det icke-ockuperade Frankrike.

Den 10 november kom den viktiga nyheten att tyskarna höll på att intåga i det icke-ockuperade Frankrike. Det förenklade saken för Darlan. Han kunde nu göra gällande att marskalk Pétain i Vichyregeringen inte längre hade någon handlingsfrihet och detta skulle militär- och civilmyndigheterna på platsen acceptera. Den tyska aktionen träffade också Darlan på en särskild öm punkt. Snart skulle de första tyska trupperna vara framme vid den stora franska örlogshamnen Toulon. Liksom 1940 låg den franska flottans öde i vågskålen. Den ende med tillräcklig prestige att under sådana omständigheter beordra den franska slagflottan till sjöss var Darlan. Han ingrep beslutsamt och telegraferade den 11:e en order till flottan i Toulon att sticka till sjöss inför det överhängade hotet att falla i tyskarnas händer. Chefen för franska medelhavsflottan, amiral de Laborde, var fanatiskt antibrittisk. När han fick kännedom om de allierades landstigning ville han gå till sjöss och anfalla de allierades konvojer. Han avvisade Darlans uppmaning att gå över till de allierade. Den 18:e krävde tyskarna att alla franska trupper skulle dras tillbaka från hamnen. Då avgick Vichyregeringens marinminister, Auphan. Tyskarna planerade en kupp mot flottan. Den iscensattes den 27:e november. Endast tack vara det mod och rådighet som en del franska officerare visade, som äntligen kunde samla sig och sluta vackla, kunde hela flottan borras i sank. 63 fartyg på sammanlagt 225.000 ton sänktes i Toulons hamn, däribland tre slagskepp, sju slagkryssare, 15 jagare, 13 torpedbåtar samt 12 u-båtar."

Darlan mördades av en 20 årig yngling på väg in till sitt ämbetsrum i Paris. Men det hade det goda med sig att det befriade de allierade från det pinsamma samarbetet med Vichyregeringen. Han gav de allierade alla fördelar han kunde ge dem i det avgörande landstigningsögonblicket. Med Darlan hade också dörren öppnats för en fransk comeback som en av de huvudallierade i kampen mot axelmakterna.

Storbritanniens kung George VI skrev i ett telegram till Churchill: "Sedan nu fälttåget i Nordafrika har nått sitt ärofulla slut bör ni veta att jag har fullt klart för mig att såväl uppslag som det lyckliga genomförandet, är till stor del resultatet av er idérikedom och orubbliga beslutsamhet mitt i svårigheter, motgångar och nederlag. Det afrikanska fälttåget har i oerhörd grad ökat den skuld i vilket vårt land, ja alla de förenade nationerna, står till er."

Därför inleder Churchill varje del av sina krigsmemoarer med denna sensmoral:
I krig: beslutsamhet, i motgång: motståndsvilja, i seger: storsinthet, i fred: god vilja.

En viktig förberedelse för dagen D var ständig flygspaning över fientligt territorium i det ockuperade nordvästra Frankrike, för att kunna upptäcka fiendens förberedelser och motåtgärder. Vi måste också vara fullt medvetna om djävulens planer och förehavanden! Är vi det?

"Den som ni förlåter, honom förlåter också jag. Ty det jag har förlåtit, om jag haft något att förlåta, det har jag gjort för er skull, inför Kristi ansikte, för att vi inte ska bli överlistade av Satan. Hans avsikter känner vi till." 2 Kor 2:10-11.

De allierades flygspaningar använde sig av 3D-fotografier som gjorde att man kunde se vad det var för föremål som kastade skuggor på vanliga 2D-foton. Det var så UK lyckades se var nazisterna hade byggt sina avskjutningsramper för V1 och V2 rakterna som förorsakade en sån stor skada i England. Man kunde alltså med hjälp av denna teknik räkna ut hur långa föremålen var som kastade en skugga på marken. Jag har gjort en undervisningsvideo om detta med bäring på Paulus ord om att vi måste kunna:

"fatta bredden och längden och höjden och djupet och lära känna Kristi kärlek." Ef. 3:18-19.

Har man endast en ytlig förståelse och intresse av GT:s skuggbilder på Jesus, försoningen, HERRENS högtider med mera, då har man en platt och 2-dimensionell uppfattning av dessa saker. Men med skuggbilderna därtill så får alla dessa saker andligt djup. Se filmen här: **www.123minsida.se/OlofAmkoff/136471278** Den heter 3D-Jesus.

W.C:s militärstrategiska tänkande var, med facit i hand, bevisligen inspirerat av Guds Ande. Så här skriver han t.ex. om "Rhodos, nyckeln till östra Medelhavet". "I det överväldigande intrycket av den italienska kapitulationen, gick mina tankar direkt till öarna i Egeiska havet som så länge hade varit en strategisk önskedröm." Tyvärr lyckades han inte övertyga varken Roosevelt eller de amerikanska generalerna om att det skulle hinnas med att både ta Rhodos och förberedelserna för Overlord, som ännu låg 8 månader fram i tiden. "Ingenting vanns med denna överdrivna försiktighet. Erövringen av Rom visade sig dröja ytterligare 8 månader. 20 gånger så mycket tonnage som skulle ha behövts för att ta Rhodos på 14 dagar användes under hela hösten för att flytta baserna för våra tunga bombplan från Afrika till Italien. Rhodos låg hela tiden som en varböld. Turkarna som utanför sina kuster kunde bevittna de allierades anmärkningsvärda passivitet blev allt mindre tillmötesgående och vägrade oss att få använda deras flygfält."

Gud leder som bekant **kungars hjärtan som vattenbäckar.** Guds Ande bor **i vårt sinne och hjärta**, säger Ef. 4:23. Så ta även du dina tankar, idéer och ingivelser på mycket större allvar än hittills! Speciellt om de handlar om Skörden, Guds rike, evangelisation, mission, o.s.v.

Efter att ha läst igenom Churchills redogörelse av alla krigsskådeplatser, slagfält, fronter och slag under WW II, kan jag inte säga annat än att öarna i Medelhavet (och många andra för den delen) verkar vara strategiskt utplacerade av Skaparen. Se på

Sicilien till exempel. Ön utgör en stillbild på Jesu återkomst! Enligt Daniel 2 ska en sten komma från himmelen och träffa bildstoden på dess fötter och tår.

"Huvudet på statyn var av fint guld, bröstet och armarna av silver, buken och höfterna av koppar. Benen var av järn, och fötterna delvis av järn och delvis av lera. Medan du såg på den revs en sten loss, men inte genom människohänder, och den träffade statyns fötter av järn och lera och krossade dem. Då krossades alltsammans, järnet, leran, kopparn, silvret och guldet, och allt blev som agnar på en tröskloge om sommaren, och vinden förde bort det så att man inte längre kunde finna något spår av det. Men av stenen som hade träffat statyn blev det ett stort berg som uppfyllde hela jorden. Du såg ju att en sten revs loss från berget, men inte genom människohänder, och att den krossade järnet, kopparn, leran, silvret och guldet." Daniel 2:32-35, 45.

Italiens kartbild och utseende är precis i överensstämmelse med vad Daniel profeterar om, fast **sedd i profil**, nämligen att efter det Grekiska väldet ska det romerska väldet med dess två ben (Västromerska riket, och Östromerska riket) fortsätta ända till Jesu återkomst (stenen, "Sicilien") som träffar bildstodens fötter och tår. Se bild på nästa sida!

Flexibilitet i det strategiska tänkandet till förmån för det taktiska tillämpandet var det som räddade det italienska fälttåget 1943 från katastrof. Genom W.C:s enträgna propåer och mästerligt formulerade och underbyggda argument, lyckades han till slut få den gemensamma stabschefskommittén att inse att man måste rubba på operation Overlords datum, från "någon gång i maj", till första veckan i juni. Förberedelserna för Overlord höll nämligen på att tömma hela Medelhavet på trupper och landstigningsfarkoster, samtidigt som de allierades armé försökte inta Rom söderifrån innan året slut 1943. Armén förlitade sig på amfibieräder längs Italiens västkust för att stödja sin framryckning. Men generalerna satsade på strategisk flygkrigföring i stället för på taktisk samverkan med flyg och infanteri. Därmed rann hela fälttåget ut i sanden.

Återigen ser vi hur avgörande det är med samverkan mellan vapenslagen. Hos oss motsvarar vapenslagen de olika tjänstegåvor som nämns i 1 Kor 12:27-28

"Gud har i sin församling för det första satt några till apostlar, för det andra några till profeter, för det tredje några till lärare, vidare andra till att utföra kraftgärningar, andra till att få gåvor att bota sjuka, till att hjälpa, att styra och att tala olika slags tungomål. och i Ef 4:11-14 Jesus gav några till apostlar, andra till profeter, andra till evangelister och andra till herdar och lärare. De skulle utrusta de heliga till att utföra sin tjänst att bygga upp Kristi kropp, tills vi alla når fram till enheten i tron och i kunskapen om Guds Son, till ett sådant mått av manlig mognad att vi blir helt uppfyllda av Kristus. När vi lärt oss att samverka på det rätta sättet kan vi göra det Gud vill, nämligen: Guds vishet i sin mångfald nu genom församlingen göras känd för härskarna och väldigheterna i den himmelska världen." Ef 3:10.

"Den anfallsiver som bar fram oss från El Alamein och höll oss uppe i Tunisien håller på att slappna", skrev en general till W.C. under hösten 1943. Vi måste lära oss att inte hålla tillbaka evangelisterna och profeterna, eller vilken "gräsrot" som helst som ivrar för att få sprida de goda nyheterna. Däremot ska vi ledare uppmuntra till, och lära ut taktisk samverkan i Anden genom att vi föregår med goda exempel på det.

Samfundsledare, missionsföreståndare, biskopar, kyrkoherdar, präster, pastorer, äldste, församlingspedagoger, m.fl. borde lyssna till W.C:s råd: "Mina erfarenheter från första världskriget har lärt mig att fältherrar och andra personer på högre befälsposter bör försöka att emellanåt själva ta del av förhållandena och situationen på slagfältet. Jag har bevittnat många fall där den dumma teorin att värdefulla liv (fältherrar, m.fl.) inte får riskeras, har lett till ödesdigra misstag."

Apostlarna satt inte i en kyrka och sorterade papper, sökte kommunala aktivitetsstöd! Nej, de var ute bland vanligt folk och missionerade, evangeliserade, predikade, organiserade bibelskolor, grundade församlingar, tillsatte äldste, bad för sjuka, botade blinda, väckte upp döda, befriade demonbesatta människor, höll brinnande, apologetiska försvarstal på torgen, debatterade med oliktänkande, såg till att de ofta var i "hetluften" och hade helat tiden initiativet, o.s.v.

Om du har svårt att se dig som en andlig soldat, i Bibelns mening, kanske du kan se på dig själv som en andlig motståndsman/kvinna? I alla länder som ockuperades av Hitlertyskland, fanns det civila motståndsrörelser. De var alltifrån enkla uppgiftslämnare till renodlade partisanförband. "Motståndsrörelsen i Frankrike hade ledare som var utbildade i England. Motståndsrörelsen i Belgien var mycket välorganiserad och den i Holland var tapper", enligt W.C.

SVT sände BBC-programmet *"Andra Världskrigets avgörande uppdrag"*. Första avsnittet handlade om "hjältarna från Telemarken". Med sprängningen av Norsk Hydros tungvattenfabrik i Rjukan, som var nödvändig för tyskarnas försök att utveckla kärnvapen, hade norska motståndsmän genom sabotage två gånger lyckats stoppa nazisternas kärnvapenprogram! (Tänk om motståndsmännen inte hade lyckats! Hitlers första mål för sin atombomb var London!) Man bedrev även flyktingtrafik ut ur Norge, underrättelsetjänst, varningsverksamhet, tryckning och distribution av illegala tidningar, flygblad, radiosändningar, samt aktioner för att befria arresterade motståndsmän.

Andra avsnittet handlade om den franska motståndsrörelsen som inkluderade bl.a. beväpnade grupper, utgivare av underjordiska tidningar, och nätverk som bistod de allierades soldater. En del motståndsmän försökte genom sabotage och andra metoder att undergräva både naziregimens- och Vichyregimens styre. Franska motståndsrörelsen hjälpte de allierade med underrättelser, och samordnade sabotage och andra handlingar som hjälpte vid invasionen av Normandie den 6 juni 1944. De tog även reda på när tyska trupptransporttåg skulle möta varandra på var sina spår. De lade i sista stund om växeln så att tågen frontalkrockade. Vid ett sådant sabotage dog 100 SS-soldater och alla stridsvagnar på transporttåget förstördes. De filmade till och med av det hela, vilket visades i programmet.

Dessa sätt att strida stämmer med Bibelns ord i 1 Samuelsboken 14 om Jonatans hjältedåd.

"En dag sa Sauls son Jonatan till sin vapenbärare: "Kom, så går vi över till filistéernas förpost där på andra sidan." ... I passet där Jonatan försökte gå över för att komma till filistéernas förpost, fanns en klippa på vardera sidan... Jonatan sa till sin vapenbärare: "Kom, så går vi över till dessa oomskurnas förpost. Kanske ska HERREN göra något för oss. För ingenting hindrar HERREN att ge seger genom få, lika väl som genom många." Hans vapenbärare svarade: "Gör allt du har i sinnet. Gå du! Jag följer dig vart du vill." Då sa Jonatan: "Bra, vi ska gå över till männen där och visa oss för dem. Om de säger till oss: "Stå stilla, till dess vi kommer fram till er", då ska vi stanna där vi är och inte klättra upp till dem. Men om de säger: "Kom upp hit till oss", då ska vi gå dit upp, för då har HERREN gett dem i vår hand. Detta ska vara tecknet för oss." När båda två hade blivit synliga för filistéernas förpost, sa filistéerna: "Se, hebréerna kryper ut ur hålen, där de har gömt sig." Förpostens manskap ropade till Jonatan och hans vapenbärare: "Kom upp till oss, så ska vi lära er!" Då sa Jonatan till sin vapenbärare: "Kom med upp efter mig, för HERREN har gett dem i Israels hand." Jonatan klättrade upp på händer och fötter, och hans vapenbärare följde honom. Och filistéerna föll för Jonatan, och hans vapenbärare gick efter honom och gav dem dödsstöten. I det första anfallet nergjorde Jonatan och hans vapenbärare omkring tjugo man på en sträcka av ungefär ett halvt plogland. Då uppstod förskräckelse i lägret på fältet och bland allt folket. Förposten och de som hade givit sig ut på härjningståg greps också av skräck. Marken skalv och det kom en förskräckelse från Gud. Sauls väktare i Gibea i Benjamin fick se att mängden skingrades och att man irrade hit och dit. Då sa Saul till folket som han hade hos sig: "Räkna folket och se efter vem som har lämnat oss." När de gjorde så, upptäckte de att Jonatan och hans vapenbärare inte var där. Då sa Saul till Ahia: "För hit Guds ark!" Guds ark fanns nämligen på den tiden hos israeliterna. Medan Saul ännu talade med prästen, ökade förvirringen i filistéernas läger. Då sa Saul till prästen: "Drag tillbaka din hand." Saul och allt det folk som han hade hos sig samlades och drog till stridsplatsen. Och se, den ene hade lyft sitt svärd mot den andre. Förvirringen var mycket stor. De hebréer som sedan gammalt lydde under filistéerna och som hade dragit upp med dem och fanns här och där i lägret, också de gick nu över till de israeliter som var med Saul och Jonatan. När de israeliter som hade gömt sig i Efraims bergsbygd hörde att filistéerna flydde, satte också alla dessa efter dem och stred mot dem. Så räddade HERREN Israel den dagen, och striden fortsattes ända bortom Bet-Aven."

Med andra ord: ditt bidrag i den andliga kampen gör nytta, din insats kan vara avgörande! Tänk inte att det är bara pastorn och äldstebröderna som kan göra motstånd. Gud kan som sagt vinna seger lika gärna genom två som genom tvåtusen!

Lärdomarna från USA:s segrar över de japanska flottstyrkorna 1944 är framför allt att endast en amiral, inte två, skulle leda den planerade slutoffensiven mot Japan 1945. Våra andliga trupper behöver också ledas av en högsta ansvarig ledare, inte av två eller flera i ett team. Detta för att undvika tvister, handlingsförlamning och kompromisser som inte klargör vilken taktik och strategi det är som är det vinnande konceptet. Taktiken måste renodlas för att kunna utvärderas och dåliga exempel förkastas till förmån för de goda exemplen som kan förädlas.

Fienden har alltid använt sig av taktiken att förkläda sig till motståndarens likhet.

"Satan själv gör sig lik en ljusets ängel." 2 Kor. 11:14.

Även nazisterna iklädde sig mot slutet av kriget i de allierades uniformer ibland, och tilldelades speciella uppgifter som fallskärmsjägare, sabotörer eller spioner. Vi måste med andra ord vara vaksamma på att djävulen sänder falska "bröder" till oss i syfte att "hugga oss i ryggen", sprida falska rykten, splittra oss genom lögner och förtal, vilseleda med falsk teologi, med mera. Även Sovjetunionen visade sig mot slutet av kriget vara en falsk vän när man drog ner "järnridån" över hela Östeuropa i strid mot alla överenskommelser på Jaltakonferensen 1945.

Endast tack vare W.C:s förutseende och resoluta ingripande med militär kraft, slapp Grekland att bli en kommunistisk sattelitstat till Sovjetunionen. Efter de tyska truppernas sorti ur landet 1944 försökte kommunistiska partisanförband ta makten i Aten. Tack och lov mötte de ett övermäktigt motstånd från av W.C. snabbt ditkommenderade brittiska trupper. Vi måste också vara på vår vakt mot falska vänner och mot vänner med egna agendor, som inte är från Gud. Efter 6 veckors inbördeskrig låg avgörandet i vågskålen. Trots att det var julafton och hela familjen Churchill inget annat önskade än att få fira julen tillsammans med Winston, lydde han: "stundens ingivelse att flyga till Aten för att på ort och ställe studera situationen och framför allt stifta bekantskap med den grekiske ärkebiskopen som så mycket berodde på."

Vi måste också ibland vara beredda på att offra vår personliga bekvämlighet för högre syften. Vi får inte slå dövörat till för Andens maningar och ingivelser. Det är så lätt att i självömkan eller självrättfärdighet skylla på att: "jag är minsann värd lite ledighet nu, vila, semesterresa, oandliga/världsliga nöjen", eller något annat bara för att man varit upptagen med de himmelska angelägenheterna den sista tiden. I stället måste vi vara beredda på att lyda, engagera oss och agera! Kom ihåg apostelns ord: "Allt förmår jag i Honom som ger mig kraft," Fil 4:13. Den grekiske ärkebiskopen blev den samlande kraften i den regering som tillsattes och förmådde ena alla de stridande parterna och partierna.

Jag avslutar denna nödvändigtvis långa genomgång av Winston Churchill böcker, med att **citera Stalin!** På de allierades konferens i Jalta, på Krim i Svarta havet, 4-8 februari 1945, där Stalin på avslutningskvällens middag höll ett tal, som stenograferades, sa han:

"Jag höjer mitt glas för det brittiska imperiets ledare, den modigaste av alla premiärministrar i världen, en man som förenar politisk erfarenhet med militärt ledargeni, en man som i ett ögonblick då hela Europa var berett att kasta sig i stoftet för Hitler, förklarade att Storbritannien skulle stå upprätt och kämpa ensamt mot Tyskland även utan bundsförvanter, även om det övergavs av existerande eller potentiella allierade. Jag höjer mitt glas för en man vars like inte föds en gång på hundra år och som modigt har hållit den brittiska fanan högt."

Kapitel 3

Den rättfärdige förrädaren

Nära nazisternas maktpolitiska centrum befann sig en man som planerade för ett postnazistiskt Tyskland på kristen grund. Kärnan i Helmuth von Moltke budskap, som ledde till döden i krigets slutskede, var det gyllene budet om att älska sin nästa såsom sig själv.

Fyra månader före krigsslutet, den 9 och 10 januari 1945, utspelade sig i Berlin en rättegång, som inte enbart satte punkt för några motståndsmäns liv, utan förmodligen också har få motstycken vad gäller ödesmättad symbolik. Den ägde rum i Volksgerichthof, folkdomstolen. Inför rätta stod några av deltagarna i den så kallade Kreisau-kretsen – bland andra Helmuth von Moltke, som grundat och var något av motor i den här kristna intellektuella motståndsgruppen. Rättens ordförande var den beryktade Roland Freisler, bekant som hårdför och som själva sinnebilden för nazistiska domare.

Rättegången kom snart att bli en tribunal mot bekännande kristna och deras kyrkor – just i egenskap av kristna. Von Moltkes och medarbetarnas brott var bland annat "Defätismus", att i nederlagsanda ha diskuterat och planerat en alternativ samhällsordning på kristen grund. Summa summarum högförräderi, i regimens ögon.

Kreisau-kretsen hade kommit till på kvällen den 16 januari 1940, på en middag hemma hos Peter Yorck von Wartenburg, i Berlin. Han och von Moltke hade liknande bakgrund: båda var jurister, och kom från gamla preussiska adelsfamiljer. Von Moltke hade nyligen fått en tjänst som folkrättsjurist inom krigsmakten, på Oberkommando der Wehrmacht. Från början var den lilla motståndsgruppen också något av en grevekrets – vars medlemmar satt på höga poster i samhället. Så småningom breddades den, och kom enkelt uttryckt att bestå av protestanter och katoliker, liberaler och socialdemokrater, som enades i humanistisk-kristen opposition mot den totalitära naziideologin.

Moltke skrev vid den här tiden en text om de "små gemenskaperna", som han såg som nödvändiga för människans ansvarskänsla. Massmänniskan känner sig inte delaktig i det som sker. Redan här fanns några av de väsentliga grundtankarna, men det skulle ta tre och ett halvt år för Kreisau-kretsen att slutgiltigt utforma sina "Grundsätze für die Neuordnung", principer för nyordningen efter det nazistiska herraväldet. Det var just vad det handlade om: att enas om en "positiv statslära", och hur ett efter-nationalsocialistiskt Tyskland skulle se ut. Allt medan "ondskan firade triumfer" som Moltke skrev i ett brev medan den nazistiska västoffensiven pågick som värst, sommaren 1940. På Moltkes förslag skulle en sådan statslära ha rättfärdighet som sitt främsta kriterium, och i samtal och brevväxling under förberedelseåret definierade han också sin syn på staten. I tre punkter sammanfattade han till att börja med vad den inte ska göra, i radikal opposition mot det rådande diktatoriska systemet: att den inte har i uppgift att behärska människor och tygla dem med våld eller hot om våld, inte har i uppgift att göra människor till vilda djur eller maskiner, och inte heller är ämnad att fordra ovillkorlig lydnad och blind tilltro.

Ledord för en rättfärdig stat är medborgerlig trygghet, säkerhet och frihet – storheter som vi mer eller mindre närmast tar för givna idag – och den bör främja bruket av det mänskliga förnuftet och sörja för att individen får utveckla sina förmågor, påpekar von Moltke. Den andra politiska promemoria som Moltke lade fram för vännerna i motståndskretsen, i april 1941, handlar om historien och framtiden. Han såg den nationalsocialistiska staten som bara en yttersta konsekvens av den moderna, perverterade och sekulära nationalstaten. Kärnan för en nystart borde vara "känslan av att vara bunden till värden, som inte är av denna världen", menade han, och bygga på det gyllene budet att älska sin nästa så som sig själv. Realpolitiskt krävde han ett slut på maktpolitiken, slut på nationalismen, slut på rastänkandet och slut på statens våld mot den enskilde. Här står också att läsa om Moltkes förhoppningar om "beredskap för självrannsakan och botgöring" efter krigsslutet. Och om hans framsynta tankar om europeiskt samarbete. Fundamentet för europeisk identitet är den gemensamma kristna och humanistiska traditionen, poängterar han.

Han formulerar också hur hans och gruppens visioner ska omvandlas i praktisk politik och förvaltning. Gruppen skissar även en modell för ett ekonomiskt system, ett slags blandform mellan liberalkapitalism och socialism, och influerat av bland annat den katolska sociallären; då hade också jesuitpatern och filosofen Alfred Delp anslutit sig till kretsen. Alla Kreisau-texter utgår från principerna om den enskilda personens frihet och en rättvis social ordning. Både von Moltke och Kreisau-kretsen vände sig med tiden allt mer till religionen: den kristna tron blev allt mer uttalat utgångspunkt för det intellektuella motståndsarbetet, i ekumenisk anda. Moltke själv var protestant. I ett förord till "Grundsätze für die Neuordnung" står exempelvis att "kristendomen är grunden för den etiska och religiösa förnyelsen" och "för övervinnandet av hat och lögn".

Att själva utföra en kupp mot naziregimen hade medlemmarna i Kreisau-kretsen varken planer på eller möjligheter till. In i det längsta hoppades de på aktioner från den militära oppositionen – som ingick i kretsens kontaktnät. Det andra de hoppades på var ett snart slut på kriget – med tysk förlust. I kretsen var för övrigt meningarna delade om huruvida ett attentat mot Führern var moraliskt försvarbart; von Moltke hörde till dem som var betänksamma. Bland annat för att han inte tyckte att man skulle använda sig av samma metoder som den tyranniska regimen.

Under alla år bjöd hur som helst den ärofulla glansen från Moltkes gamle släkting och namne, den preussiske generalfältmarskalken, både släktgodset Kreisau och dess herre på visst beskydd. Det schlesiska lilla slottet kunde fungera ostört som träffpunkt för motståndsgruppen. Det var i ett Gestapo-protokoll från augusti 1944 den först kom att kallas Kreisau-kretsen. Gruppens alla dokument och promemorior uppdagades icke: de låg väl gömda på Kreisau, som aldrig genomsöktes.

Sedan förgrundsgestalten von Moltke häktats av Gestapo i januari 1944 splittrades Kreisau-kretsen. Yorck von Wartenburg och några till fortsatte att samarbeta för sitt gemensamma mål, men sällade sig så småningom till kretsen av sammansvurna kring Claus von Stauffenberg. Nästan allihop fick betala med sitt liv för det misslyckade attentatsförsöket den 20 juli 1944."
Hela   artikeln   kan   du   läsa   här:
www.svd.se/kulturnoje/understrecket/artikel_1551443.svd

Hollywoodfilmen *"Valkyrie"* med Tom Cruise i rollen som den tyske officeren Claus von Stauffenberg, är myckter sevärd. Som vi läste i SvD-artikeln ovan, anslöt sig några kristna till Stauffenbergs grupp. I stället för att strida med de andliga vapen Gud hade gett dem, valde de att "sätta kött till egen arm," som det bibliska uttrycket lyder. De valde fel sorts vapen. Det misstaget fick de plikta med sina liv för.

"Ty även om vi lever här i världen, strider vi inte på världens sätt. De vapen vi strider med är inte svaga utan har makt inför Gud att bryta ner fästen. Ja, vi bryter ner tankebyggnader och allt högt som reser sig upp mot kunskapen om Gud. Och vi gör varje tanke till en lydig fånge hos Kristus och är beredda att straffa all olydnad, så snart ni har blivit fullkomligt lydiga." 2 Kor 10:3-6.

"Till sist, bli starka i Herren och i hans väldiga kraft. Ta på er hela Guds vapenrustning, så att ni kan stå emot djävulens listiga angrepp. För vi strider inte mot kött och blod (människor) utan mot furstar och väldigheter och världshärskare här i mörkret, mot ondskans andemakter i himlarna. Ta därför på er hela Guds vapenrustning, så att ni kan stå emot på den onda dagen och behålla fältet, sedan ni fullgjort allt. Stå alltså fasta, spänn på er sanningen som bälte kring era höfter och kläd er i rättfärdighetens pansar och sätt som skor på era fötter den beredskap som fridens evangelium ger. Ta dessutom trons sköld. Med den kan ni släcka den ondes alla brinnande pilar. Ta emot frälsningens hjälm och Andens svärd som är Guds ord. Gör detta under ständig åkallan och bön och bed alltid i Anden. Vaka därför och håll ut i bön för alla de heliga." Ef 6:10-18.

Hur svåra och antikristliga tider som än kommer att komma, får vi aldrig vackla i vår övertygelse om att Herren har gett oss kristna, andliga vapen att använda. Överheten, polis och militär, ska använda fysiska vapen, men vi som är Guds andliga soldater ska använda de andliga vapen Gud har gett oss. För "utan Jesus kan vi ingenting göra" enligt hans egna ord i Joh 15:5. Tänk om Kreisaukretsens avhoppare hade observerat vad Romarbrevet lär oss om dessa saker.

"Välsigna dem som förföljer er, välsigna och förbanna inte ... Löna inte ont med ont, sträva efter det som är gott inför alla människor. Håll fred med alla människor så långt det är möjligt och beror på er. Hämnas inte, mina älskade, utan lämna rum för vredesdomen. Ty det står skrivet: Min är hämnden, jag ska utkräva den, säger Herren. Men om din fiende är hungrig, så ge honom att äta, om han är törstig, ge honom att dricka. Gör du det, samlar du glödande kol på hans huvud. Låt dig inte besegras av det onda utan besegra det onda med det goda." Rom 12:14-21.

Så långt det Andra världskrigets andliga lärdomar.

Kapitel 4

Operation Eagle Claw

"**Delta Force** ledde den misslyckade *Operation Eagle Claw* – en operation där de skulle frita gisslan i Teheran efter det att shahen hade lämnat landet 1979. Misslyckandet var konsekvensen av dåligt samarbete mellan de olika inblandade förbanden. Delta Force genomförde sitt första skarpa uppdrag tillsammans med andra militära enheter, som *Rangers* och helikopterenheter från *U.S. Navy*, i försöket att frita den amerikanska gisslan på den amerikanska ambassaden i Teheran 1980. Operationen som gick under namnet *Eagle Claw*, avbröts innan själva fritagningen, på grund av mekaniska fel orsakade av sandstormar, på flera av de nödvändiga helikoptrarna. Under förberedelserna för återflygningen från uppsamlingsplatsen *Desert One* mitt i den iranska öknen kolliderade en av helikoptrarna med ett av de stillastående C-130 Hercules-planen och det hela slutade i katastrof med åtta döda." Citat från Wikipedia.

Efter att ha sett Discovery Channels dramadokumentär – "Operation Eagle Claw" - om denna tragiska händelse, slogs jag av vilket andligt oförstånd som kännetecknade hela operationen. Man visste att det hela var ett mycket djärvt och livsfarligt uppdrag. Man hade gjort alla möjliga tänkbara förberedelser, både tekniska uppfinningar (Night Vision Goggles) och landningsfält markerade med ultraviolett ljus, samt obegränsade resurser av alla nödvändiga slag. Men någon andlig kartläggning och förberedelse hade man inte gjort! Iran hade 1979 övergått från Västvänlig monarki till aggressiv islamistisk diktatur. Detta borde ha lett det "kristna" USA till att förstå att här behövdes det andlig vishet och förbönsstöd. Den som har läst sin Bibel vet nämligen att Iran förekommer i Skriften under namnet Persien. Det landet är det enda land, förutom Grekland (Javan), som sägs ha en andefurste.

"Fursten över Persiens rike stod emot mig under tjugoen dagar. Då kom Mikael, en av de förnämsta furstarna, till min hjälp, och jag blev kvar där hos Persiens kungar. Då sa han: "Kan du förstå varför jag har kommit till dig? Men jag måste strax vända tillbaka för att strida mot fursten över Persien, och när jag drar bort från honom kommer fursten över Javan. Dock vill jag meddela dig vad som är skrivet i sanningens bok. Ingen enda hjälper mig mot dessa, ingen utom Mikael, er furste." Daniel 10:13, 20-21.

Här har vi Guds Ord på att andefursten över Persien/Iran är så stark att båda ärkeänglarna Gabriel och Mikael var tvungna att under lång tid gemensamt bekämpa honom! Då duger det inte att som enda andliga förberedelse sjunga "God bless America" innan man steg ombord på det flygplan som tog dem till Persiska viken! Detta är ett tydligt exempel på den oandliga, köttsliga inställningen som många amerikaner hade/har till islam och muslimska länder och tilltron till sina egna världsliga, militära resurser enbart. En typisk amerikansk cowboy-mentalitet helt enkelt.

Operationen var naturligtvis topphemlig, vilket gjorde att den amerikanska allmänheten inte kände till den och kunde därför inte heller be för dess framgång och seger. Men det var just förebedjarnas uppröjningar i andevärlden som denna operation hade behövt för att lyckas. Förebedjarna skulle först ha "bundit fursten över Persien/Iran" med hjälp av "Himmelrikets nycklar".

Sedan skulle de ha behövt be utifrån Joel 3:11b och Ps 103:20

"Sänd, HERRE, dina **hjältar** dit ner... ni hans **änglar**, ni **starka hjältar** som utför hans befallning, så snart ni hör ljudet av hans befallning."

Sedan dess har förhoppningsvis den amerikanska militären förstått att man måste även involvera de andliga soldaterna för att kunna vinna militära segrar.

En bok som tangerar mitt ämne och som jag rekommenderar är:

Att leva i seger av Dean Sherman, 196 sidor
www.gospelcenter.se/butik

"Gud har kallat kristna att övervinna världen och driva tillbaka ondskans och mörkrets krafter. Dean bemöter den osynliga världen med förnuft, och på ett sånt sätt att man känner att man fortfarande har båda fötterna på marken." Citat från Bornelings förlag.

Kapitel 5

Andliga vapen som Efeserbrevet kapitel 6 inte nämner, men däremot andra bibelrum.

1. Den bibliska trosbekännelsen.

"En av de skriftlärda som hade hört dem diskutera insåg att Jesus hade gett dem ett bra svar. Han kom fram och frågade honom: "Vilket är det främsta av alla buden?" Jesus svarade: "Det främsta är detta: **Hör Israel! Herren vår Gud, Herren är en.**" Markus 12:28-29.

Lägg märke till att Jesus inte sa att något av 10 Guds bud var det främsta! Däremot citerade han 5 Mos 6:4 som svar på frågan. Av den anledningen skrev aposteln Jakob: "Du tror att Gud är en. Det gör du rätt i. Även de onda andarna tror det, och bävar." Jak. 2:19. De onda andarna bävar inte för den Niceanska trosbekännelsen eller någon annan av alla 100-tals trosbekännelser som Kyrkan har formulerat. De onda andarna skakar av rädsla endast när de får höra den biskliska trosbekännelsen ur våra munnar! **Lär dig den utantill!**

2. Nattvarden, HERRENS måltid.

Att fira Herrens måltid är en proklamation i andevärlden. Det är som att låta hela andevärlden drabbas av Golgatadramat än en gång! Det är vad Paulus menar med att skriva: "Så ofta ni äter detta bröd och dricker denna bägare **förkunnar** ni Herrens död". 1 Kor 11:26. Detta är det starkaste andliga vapnet!

3. Shofarblåsning.

Låt fienden åka på en riktig "blåsning"! En shofar är hornet av en vädursbagge. Det var en sådan "som hade fastnat med sina horn i ett snår bakom Abraham" i 1 Mos 22:13. Därför använder sig alla gudfruktiga judar av en shofar vid olika tillfällen. Redan Josua fick instruktioner av Herren att låta prästerna blåsa i shofar medan de vandrade runt Jeriko.

"Sju präster ska bära sju basuner **gjorda av bagghorn** framför arken. På sjunde dagen ska ni tåga runt staden sju gånger, och prästerna ska blåsa i basunerna. När de blåser i baggens horn med utdragen ton och ni hör basunljudet ska hela folket höja ett kraftigt härskri. Då ska stadsmuren störta samman och folket ska storma in över den, var och en rakt fram." Josua 6:4-5.

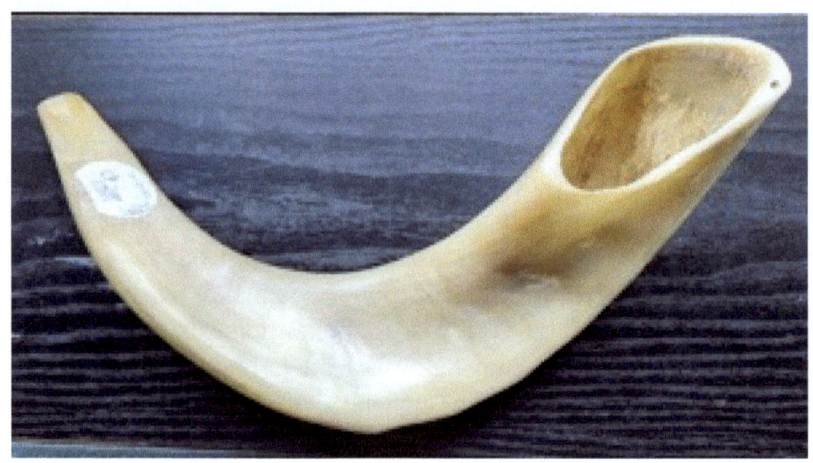

"Så kom Gideon och de hundra män han hade med sig till utkanten av lägret, när den mellersta nattväkten gick in och man just hade ställt ut vakterna. Då blåste de i hornen och krossade krukorna som de hade i händerna. Alla tre grupperna blåste i hornen och slog sönder krukorna. De grep facklorna med vänster hand och hornen med höger hand, och blåste i dem och ropade: "Herrens och Gideons svärd!" Men de stod stilla, var och en på sin plats, runt omkring lägret. Då började alla i lägret att irra omkring och skrikande ta till flykten. När de trehundra hornen ljöd, vände Herren den enes svärd mot den andre i hela lägret." Dom 7:19-22.

Shofarblåsning kan alltså förlösa både änglahjälp och orsaka panik och förvirring i fiendens läger. Inte undra på att det var förbjudet för judar att blåsa i shofar i det brittiska FN-mandatet palestina, och framför allt i Jerusalem, under hela mandattiden, ända fram till den 15/4 1948!

4. Abrahams välsignelse.

Så här lyder Abrahams välsignelse: "Jag svär vid mig själv, säger Herren: Eftersom du har gjort detta och inte undanhållit mig din ende son, ska jag välsigna dig rikligt och göra dina efterkommande talrika som stjärnorna på himlen och som sanden på havets strand, och **din avkomma ska inta sina fienders portar.** I din avkomma ska jordens alla folk bli välsignade, därför att du lyssnade till min röst." 1 Mos 22:16-18.

I 1 Mos 24:60 har vi en förkortad version av välsignelsen "Din avkomma ska **inta sina fienders portar!**"

Paulus nämner Abrahams välsignelse i Gal 3:14 "Så skulle välsignelsen som Abraham fått komma till hedningarna i Jesus Kristus, så att vi genom tron skulle få den utlovade Anden." Naturligtvis är det endast i den helige Andes kraft, som vi kan inta våra fienders portar.

5. Blylock över avgrunden.

Jag har redan i kapitel 2 på sid 25 återgett ett exempel på hur jag vid ett tillfälle blev ledd av Anden att befalla alla verksamma onda andar i Umeå att åka ned i avgrunden och sedan kalla på ett blylock från Ovan för att stänga till över dem! De aktuella bibelrummen är Lukas 8:31-32 och Sakarja 5:5-8. Kolla gärna denna video som förklarar varför det är <u>vår sak</u> att befalla de onda andarna ned i avgrunden:

www.youtube.com/watch?v=Wj12CGuMZHE

6. Beträd platsen med dina fötter!

Ibland räcker det inte med att sitta i kyrkan och be mot ondskan i största allmänhet. Vissa gånger måste man göra som både Abraham, Mose och Josua fick order om: "Hela det land som du ser ska jag ge åt dig och dina efterkommande för evig tid. Och jag ska låta dem bli som stoftet på jorden. Om någon kan räkna stoftet på jorden ska också dina efterkommande kunna räknas. Bryt upp och **vandra omkring i landet i hela dess längd och bredd**, för jag ska ge det åt dig." 1 Mos 13:15-17. En profetisk trosvandring var tydligen nödvändig!

"Varje ort där ni **sätter er fot** ska bli er. Från öknen till Libanon och från floden, floden Eufrat, ända till Västra havet ska ert område sträcka sig. Ingen ska kunna stå er emot. Fruktan och skräck för er ska Herren er Gud sända över hela det land ni **beträder**, så som han har lovat er." 5 Mos 11:24-25.

"Varje plats där ni **sätter er fot** har jag gett er," Josua 1:3.

7. Citera Guds Ord.

"Ur hans mun kom ett skarpt svärd," Upp. 19:15. Vad är det som kommer ut ur Jesu mun? Jo, det är Guds Ord. Varje gång du citerar Guds Ord med din mun, går det ett skarpt svärd ur din mun! För **"Andens svärd är Guds ord"**, säger Ef. 6:17. Då måste de onda andarna lyda dig, om du gör det i tro och utan rädsla för demonerna. Proklamera bibelord i din andliga krigföring!

8. Bönevägledning.

Alla som utförde HERRENS krig i Kanaans land fick vägledning av Gud hur de skulle bedriva striden vid varje givet tillfälle. Ibland skulle de lägga sig i bakhåll, ibland överraska dem, o.s.v. Likadant är det med oss. Herren vill ge oss "bönevägledningar" kallar jag det. Alltså ett ord om hur vi ska be. Det är helt bibliskt att förvänta sig vägledning av vår Herre. I Hesekiel 36:37 läser vi: "Så säger

Herren Gud: Också detta ska jag låta Israels hus **be mig om** och göra för dem: Jag ska föröka människorna som en fårhjord." Gud avslöjar alltså i denna vers hur det går till att be profetiskt: man inväntar ett tilltal från Herren ur hans eget Ord, Bibeln. Men det måste göras genom att man stillar sig i bön och "söker Guds ansikte" som det heter.

9. Bön för Israel i existentiell nöd.

Israel är "Guds ögonsten", Sakarja 2:8. Hela Guds frälsningsplan går via Israel. Simson sa: "Låt mig få hämnd på filisteerna för **ett av mina båda ögon.**" Dom 16:28. Alltså finns det kvar en hämnd för Israel att få för det andra av Simsons ögon! Israels försvarsmakt IDF har namngett ett militärt alternativ *"The Samson option",* "Simson alternativet" på svenska. Så här beskriver Wikipedia det: "The **Samson Option** (Hebrew: שמשון ברירת, *b'rerat shimshon*) is the name that some military analysts and authors have given to Israel's deterrence strategy of massive retaliation with nuclear weapons as a "last resort" against a country whose military has invaded and/or destroyed much of Israel."

Om Iran anfaller Israel med atomvapen eller om Hizbollah avlossar hela sin raketarsenal på c:a 150.000 raketer och missiler mot Israel, då måste Israel ta till okonventionella metoder för sin överlevnad. Det kan handla om neutronbomber eller kärnvapen för att slå ut fienden. Vid ett sådant scenario måste vi be till Israels Gud, HERREN, att han låter **Simson få hämnd för sitt andra öga.** Sedan får Herren bestämma hur det ska gå till, om det behöver innebära "The Samson option" eller inte, men be måste vi då!

(Bild: Pixabay)

Olof Amkoff

olofamkoff@bredband2.com

073-1822678

Noter:

1. Cf. 'Those who cannot remember the past are condemned to repeat it'—Santayana, G., *The Life of Reason*, Constable & Co. Ltd., London, p. 82, 1954.

2. Stark, R., *For the Glory of God: How monotheism led to reformations, science, witch-hunts and the end of slavery,* Princeton University Press, 2003; see also review by Williams A., The biblical origins of science, *Journal of Creation* 18 (2):49–52, 2004; creationontheweb.com/stark.

3. Wieland, C., Darwin's real message: have you missed it? *Creation* 14 (4):16–19, 1992; creationontheweb.com/realmessage.

4. Mortenson, T., *The Great Turning Point*, based on his Ph.D. thesis at Coventry University, creationontheweb.com/turning_point; Philosophical naturalism and the age of the earth: are they related? *The Master's Seminary Journal* (TMSJ) 15 (1):71–92, Spring 2004, creationontheweb.com/naturalism-church.

5. See Sarfati, J., Refuting Compromise, Creation Ministries International, Australia, ch. 8, 2004.

6. See Sarfati, ref. 5, ch. 6; and Batten, D., *et al.*, The Creation Answers Book, Creation Ministries International, Australia, ch. 6, 2007.

7. Manier, J., The New Theology, *Chicago Tribune*, 20 January 2008; www.chicagotribune.com/features/magazine/chi-080120evolution-story,1,1644498.story.

8. Wieland, C., Death of an apostate, *Creation* 25 (1):6, 2002; www.creationontheweb.com/apostate..

9. Wieland, C., 'Hanging Loose': What should we defend? *Creation* 11 (2):4, 1989; www.creationontheweb.com/hanging_loose.

10. See Christian Apologetics Questions and Answers, creationontheweb.com/apologetics..

11. Cited in Schaeffer, F.A., *The Great Evangelical Disaster*, Crossway Books, Illinois, USA, pp. 50–51, 1984.